身份、国家与记忆

西南经验

温春来　著

北京师范大学出版集团
BEIJING NORMAL UNIVERSITY PUBLISHING GROUP
北京师范大学出版社

温春来

历史学博士，中山大学历史人类学研究中心暨历史学系教授，博士生导师，中山大学岭南文化研究院执行院长。主要研究方向为西南民族史、明清社会经济史、历史人类学。主要著作有《从"异域"到"旧疆"：宋至清贵州西北部地区的制度、开发与认同》《西樵历史文化文献丛书》（主编）等。

目录

从王朝国家到民族国家

我青年时代读过的书，大多已渺如云烟。1996 年夏天的一次阅读，却穿过二十多年的时光，宛若眼前。那时我在中山大学历史系读大三，岭南六月酷暑，无所事事，我借了一部《剑桥中华人民共和国史》，躺在宿舍随便翻翻以消遣夏日。蓦地，两段文字映入眼帘，锐利地刺激着我半睡半醒的神经：

　　　　欧洲和南、北美洲的民族全加起来，一般地说不会多于中国人。甚至是否有比中国更多的民族也是问题。在人数和多民族方面，欧洲人和中国人很可以相比，同样是人数众多，民族复杂。可是在他们今天的政治生活中，在欧洲和南北美洲生活的约

10 亿欧洲人分成约 50 个独立的主权国，而 10 亿多的中国人只生活在一个国家中。人们一旦看到 1 和 50 的差别，就不能忽视。

以上对事实的简单陈述间接地表明，我们的民族主义和民族—国家等字眼当用于中国时，只会使我们误入歧途。要了解中国，不能仅仅靠移植西方的名词。它是一个不同的生命。它的政治只能从其内部进行演变性的了解。[①]

简明扼要而又洞察入微的中、欧对比，深刻地呈现出中国在人类文明史上长期维持着大一统体制的独特性。这难道不是中国历史的一个核心问题吗？我陡然间心潮澎湃，浮想联翩。浮想的内容而今已渺不可寻，但那一片刻的少年激情，使我多年后"合理化"地回眸往昔之时，会把这次偶然的阅读视为自己学术人生的一个起点。不过，彼时的我对此毫无意识。瞬间的兴奋消退之后，这个问题也迅速隐去。我对未来很懵懂，记者、公务员，是我隐隐约约的职业理想。

三个多月后，与黄国信老师一场随意的谈话，不经意间改变了我的人生方向：我冒出了考研的念头并付诸实施。何其有幸，我成了黄启臣、刘志伟、陈春声三位老师的学生。入师门后，我很快发现，那个年少时曾拨动我心弦的问题，竟然是我们这个学术共同体的主要关切之一。

五年的读研生活恍如昨日。在陈春声、刘志伟两位老师的指导下，我 2002 年完成了博士学位论文，六年后该论文在生活·读书·新知三联书店出版。②该书讨论的是中国传统大一统结构的性质，问题很宏大，但不是从抽象的思想中寻求答案，而是在具体的区域社会史脉络中探寻可能性与现实性，论证思路如下：

西南地区有着深厚的"国家"传统，两千多年前，司马迁已发现这里存在着大大小小的政权，同时还分布着众多无君长统属的人群。宋代，这里也并非只有一个大理国与中央王朝对峙，仅在四川南部、云南东北部、贵州西部与中部，就有"娄素"(20 世纪 50 年代识别为"彝族")建立的十来个地方性政权(彝文文献称其为"勾"，汉译为"君长国")，我将此概括为"多'国'林立的宋代西南地区"，是为我整个研究的起点与前提。③ 由此提炼出一个问题：中央王朝的典章制度与意识形态，如何在一个具有自己的政权、文字、礼仪以及政治法律传统的非汉族社会中推行与表达？换言之，这类社会如何进入中国大一统秩序？

从上述问题出发，我选择位于贵州西北部地区的水西、乌撒两个勾政权为研究对象，考察它们从宋至清被逐渐整合进王朝国家的过程，并揭示其中所蕴含的理论意义。我的一个观念是，理解中国历史的概念与范畴要从中国自身的历史经验与话语中去探寻，以期贴近历史当事人的心态与观念；同时又要具备与现代人文社会科学中的相关理论对话的可能性，以免陷于自说自话、故步自封的境地。因此之故，该书极其重视彝、汉史料中那些精练而富有内涵的词汇和短语，诸如汉文文献中的"版图""族类""异域""新疆""旧疆""羁縻"，以及彝文文献中的"彝威""彝荣"，等等，经由对它们的深入诠释，我对南方非汉人群如何被整合进入大一统秩序有了一些粗浅认识。

一、"版图"：与赋役密切相关的人口与土地的集合体

我抓住的最关键概念是"版图"。依据《中国历史地图集》，我国的西南疆域，自汉代就已大致奠定，但依古人的叙述，情况却有所不同。例如，明万历年间四川播州改土归流之后，官员们称播州进入了"版图"，名其曰"新疆"，即新的疆土。60多年后，吴三桂平定了黔西北的水西土司，官员们又云，水西是国家的"新疆"，有

诗曰："济火（水西土司的先祖）无遗族，山川隶版图。"又过了60多年，雍正皇帝在滇东北、黔东南用兵之后，官员们再弹老调，称这些地方成为国家的"新疆"，而60多年前平定的水西以及更久之前平定的播州，则属于国家的"旧疆"。这类论调不独西南为然，例如，康熙年间收复台湾后，官员们也说台湾是"新疆"。

是古人错了，还是今天的历史地图错了？其实都没有错，因为古、今语境中的"疆"与"版图"，含义迥然不同。今人依民族国家的观念，以国际法为依据，将国界线以经纬度精确描述并划定，线内，就是国家的"版图"和"疆"，这纯粹是一个土地的概念，与人无关。每平方千米聚集上万人的特大城市，同高原、沙漠的无人区一样，都是国家神圣版图的一部分，国家的主权没有任何差别地投射在这些地方。

中国古代的"版图"，则主要是一个赋役概念。税收是国家的本质，依其情形，中国古人的视野中有三类地区：其一，所有人户在制度上均要向王朝缴赋应役，是为"编户齐民"之地；其二，只有一个人或一些代表向王朝缴赋应役，是为羁縻区域，如大部分土司地区；其三，所有人都不被要求向王朝缴赋应役，是为王朝的"异域"。在古人的观念中，第一类地区就是国家的"版图"。因为人是赋役的主体乃至客体，所以中国古代的版图，就要集土地、人户于一体。正如清朝人所云："国家抚有疆宇，谓之版图，版言乎其有民，图言乎其有地。"简言之，某个地区的土地、户口登记于官府的册籍中，这个地方就成为国家的版图，而登记当然就意味着赋役。

二、从"异域"到"旧疆"

至迟在明代，"版图"在许多情况下已被用来界定王朝的"疆"。当上述第二、第三类地区进入"版图"，变成第一类地区时，常常被称为"新疆"，并且一般不再被视为"化外"——尽管"化外"一词的使用存在着随意性。[④]随着"夷"、汉族类的交往与互动、对正统儒家意识形态认同的深化，"新疆"的人群在礼俗、文化上被认为呈现出"与民人无异"的趋势，而他们自己亦不断通过各种策略，建构更加符合王朝正统的身份与认同，"新疆"由此逐渐被视为"旧疆"。要言之，"新疆"的关键在于"版图"，而"旧疆"则进一步强调礼俗。未入"版图"之地可分为"异域"与"羁縻"两类，前者指中央王朝连名义上的统治都不能维持，自然也没有人缴赋应役之地；后者意味着当地首领向中央王朝表示效忠，并受制于贡赋制度，但地方原有的制度与习惯在很大程度上得以维持，而且当地人群也大都不是中央王朝的编户齐民。

乌撒与水西两大君长国的兴亡史，展现出"异域"→"羁縻"→"新疆"→"旧疆"的完整过程。西南许多地区的历史都与此相似，如乌蒙、芒部、东川等君长国。当然，一些有相似历程的区域在文献上并未直接使用"新疆""版图"一类词语来描述，历史也不一定按线性序列发展，中央王朝在许多边远地区的秩序建构可能会略去其中的一些环节⑤，并且古代官员士大夫们使用这些词语时具有一定的随意性，但无论如何，从历史文献中发掘出来的这些词语，提供了一个理解传统中国大一统秩序如何在南方扩展的有用模型。

三、"内部边疆"的消解⑥

这一模型，揭示出观察中央王朝开拓西南的新视角。元朝灭了大理国后，原拟将西南族类尽收"版图"，眼看抵抗甚烈，又改而承诺，那些君长、酋长们只要投诚归附，即可"官不失职，民不失业"，由此建立起了土司制度，改"异域"而为"羁縻"。明兴，对待各土司"踵元故事"，继续维持羁縻秩序。深入的区域史研究揭示，元代以及明初，中央王朝在西南非汉族类地区能实际控制的，也就是能让当地百姓缴赋应役的，主要是交通线和城市。明朝人万士和描述乌撒一带称："军屯之外尽夷方，夷妇同争鼠马场。"黔抚郭子章亦称："贵州一线路外即苗穴矣。"

因此，当时中央王朝在西南非汉区域的"版图"，是一些线，一些带，加上一些零星的点。这样，历史地图集上的南方边界，我们或可称之为"外部边疆线"，它大致勾勒出了中央王朝设官（包括土官）统治的范围。在其内部，依中国古代的疆域观念，还有不少人群游离于王朝"版图"之外，形成了许多"内部边疆"。从"异域"到"旧疆"的历史，就是"内部边疆"逐渐消解的过程。与此相应，中央王朝的"版图"不断扩大，从线扩展为面而且面的范围日益拓展，到了清代中期，西南地区尚未进入王朝"版图"的，只剩下一些零零星星的点了。

四、非汉族类的主体性

依古人的描述，"内部边疆"的消解过程，意味着王朝制度与意识形态的大获全胜。这一视角，与今日学界内外所熟知的"民族交往交流交融"等概念遥相呼应。这类论调无疑是建立在大量经验事实的基础上的，并且也与我们通常的观察有着较高的符合度。不过，西南非汉族类只是被动的接受者吗？他们的主体性何在？我为此不惜花费大量笔墨，除了通过丰富的彝族文献考察彝族人（娄素）自己的历史认知与表达，还用"内部竞争引导王朝扩张""新秩序中的旧传统""族群认同与政治认同的统一与分歧"三个概念，来揭示"异域"社会自身传统的延续性及其在塑造新秩序中的作用。

关于"内部竞争引导王朝扩张"，我指出了两种情况。第一，一个看似统一的周边族类的部落或政权中，往往充斥着各种利益团体，呈现出内部竞争的状态。当与中央王朝发生接触之后，某些团体或其领袖人物可能会因应新的政治情势，积极引导中央王朝的力量介入本部落或政权的事务，在此过程中，他们和中央王朝各自或多或少地满足了自己的所需，一些新制度或新秩序甚至可能就此产生。以水西勾政权为例，这是具备较强凝聚力的强大政治实体，但内部有四十八支，勾政权的君长在其中轮流产生。这造成了一个复杂的现象，一方面，勾政权的强大与统一制约了中央王朝的扩张，另一方面，为了本支乃至本家庭独揽君长之职，明正统年间，安陇富通过为朝廷东征西伐换取支持，于是由他们一家世袭君长的嫡长子继承制得以确立，这一制度不但符合明王朝的观念，而且有助于明朝加强对土司地区的控制。第二，有的扩张中，中央王朝并没有明显地介入，形成一种"（中央王朝）未出场的扩张"，这种扩张通常发生在"新疆""旧疆"等已纳入中央王朝"版图"的区域。例如，李文良的研究揭示，台湾岸里社熟番于康熙年间响应政府的垦荒政策，取得了在大甲溪南垦地的权利，但在 18 世纪末，因为部落内部的权力斗争以及外部汉人的农垦压力，各关系人通过各种办法，竞相把地权来源追溯到帝制时代最能象征合法、正统权力来源的皇帝身上，使得一个边远的地区，成为符合帝国象征与规范的地域。在这样一种"未出场的扩张"中，中央王朝所获得的，主要不是新的土地或更多的编户，也不是能够更有效地控驭周边族类的制度，而是地方上更多的人群对自己的权威、象征的认同。

关于"新秩序中的旧传统"，我指出，土司制度乃至改土归流等任何举措，都不能立即创造出新秩序——尽管表面看起来似乎如此，从"异域"到"旧疆"的演变，是两种不同制度与传统间互动与妥协的结果。例如，由于水西、乌撒在实行土司制度之前，已经存在着一套以则溪制度为中心的、有着深远历史根源的制度化的政治权力架构，所以，直至清代末年乃至民国时期，中央在当地的统治，从形式到内容上都带有明显的"地方性"色彩。元明土司制度规范的主要是土官与中央王朝的关系，勾政权制约了中央王朝的扩张，使得中央王朝很难在勾政权的领地内赐封小土司，也无法编定里甲。清初勾政权瓦解后所建立的流官制与里甲制，也是在改造彝族原有的则溪制度的基础上建立起来的，并非一个全新的创造。此外，虽然清王朝在该地域实施了改土归流，但原来勾政权中的土目仍然长期存在，其影响一直延续到民国时期。

关于"族群认同与政治认同的统一与分歧"，我指出，在广阔的西南地区，非汉族类对王朝国家的认同呈现出两种情形。一种是连带着将自身的族类身份也改变了，出现了许多少数民族认同汉人身份的例子，甚至许多土司也声称自己源出汉人。此即"族群认同与政治认同的统一"。与之形成鲜明对照的是，贵州西北部地区的土司、土目中很少出现这种现象，甚至在改土归流之后，我也尚未发现有彝族土目自认为是汉人的例子。认同王朝国家并不意味着认同汉人身份，我称之为"族群认同与政治认同的分歧"，并从政权与文字传统来予以解释。水西与乌撒至迟在宋代就已经建立了自己的政权组织，并且拥有自己的文字。关于本族的来源以及统治本地的合法性——这一切当然都与汉人无关，早就书写在用本族文字所创作的家谱、历史书籍以及宗教文书中。文献与口碑最大的不同是，前者一旦形成就具有相当的稳定性，而且这些文献的内容经常要由勾政权中的布摩、慕史在不同的场合宣讲、传授。这样就使族人对本族的来源以及统治此地的合法性形成了牢固的记忆，并且这种记忆受到固定化了的文献的规范。元、明王朝的势力介入西南地区，水西与乌撒建立了土司制度，但勾政权制约了中央王朝的扩张，中央王朝的势力难以深入，不管是土司还是普通彝人都珍惜自己的高贵身份，绝不可能声称自己源出汉人。变化仅仅出现在关于君长国统治合法性的认知方面，勾政权的上层分子一面继续将其归因于本族的美好根源，一面又与中央王朝扯上关系——这是一种充满矛盾的认同。清康熙年间改土归流之后，对族源的那种强大而牢固的记忆仍然不易消亡，并且原勾政权中的土目与布摩仍然存在，大量的彝书也还继续在民间使用与流布，所以黔西北的上层分子乃至许多普通彝人并不轻易转向汉人的身份认同，甚至他们在取得功名后也是如此。例如，普坑底的黄氏是当地的望族，清中期后出了不少读书人，但他们仍把占有普坑底的合法性归于水西君长的赏赐，并且毫不掩饰自己的非汉身份，称"余上世祖考世系，往往迭出于夷册书籍"，可见彝书在维持娄素族类身份方面的重要作用。

五、大一统体制的弹性

传统中国的大一统体制能够不断扩展并长期延续的

关键之一，在于它的灵活性。统治者们并不是把一套既定的制度与意识形态一成不变地推广到西南地区，异域、羁縻、新疆、旧疆的差别体现出了弹性与务实性。即便进入了王朝"版图"之内，传统大一统结构依然能够根据形势为地方预留一定的表达自我的空间。这些看似姑息"地方主义"的灵活性反而有利于王朝制度与意识形态的推行与渗透，促进了新秩序的稳定以及地方对中央王朝的认同。

在叙事上，我抓住制度、开发、认同三个关键词展开。有人可能认为我的关注点在地方社会，但在我们看来，不管史学研究如何"城头变幻大王旗"，制度（既包括中央王朝的制度，也包括地方自身的制度）始终是中国历史研究的根基之一，根基不厚而跟随所谓学术前沿亦步亦趋，无异于水上青萍，虽时髦而不免流于浮华。制度必须置于人的行动中来理解才有意义，虽然不能线性地认为制度决定着开发与文化认同，但它是我整个分析的切入点。

以上思考，算是对那个少年时拨动我心弦的问题的一个回答。2002年我博士毕业，四年后我的书稿大致修订完成，距离1996年那个炎热的夏天，正好十年。答案还很不成熟，但十年的青春岁月就在寻求解答的过程中如水而逝。

博士毕业后，我开始思考新的研究方向，经历过一段迷惘时期。2005年的某一天，香港科技大学人文学部的张兆和教授来中山大学开会，建议我同他一起去申请香港研究资助局的项目，以便搜集、整理、研究民国时期西南少数民族知识分子用汉文书写的文献，考察他们如何想象自己的族群身份以及国族认同等问题。我与张教授的分工是，他负责苗族，我负责彝族。听完张教授的谈话，我陡然间灵光一现：我过去研究的是中国王朝国家的性质，但晚清以降，中国已逐渐演变为一个统一的多民族国家。在这个宏伟的变迁过程中，西南的那些非汉人群如何因应？他们自己的传统，会在其间发挥什么作用？这可是我过去研究的自然延伸啊。这一发现令我兴奋莫名！

我愉快地接受了张教授的邀请。2006年9月，我们的研究计划以"Writing Indigenism: Non-Han Intellectuals' Chinese Writings on Miao-Yi Identities and Frontier Politics in Southwest China during the Republican Period"为题，获得了香港研究资助局的立项资助。四年后，当我们结题时，张教授已经搜集、整理了梁聚五、石启贵、杨汉先等湘黔苗族知识分子的大量论著，出版了《梁聚五文集》（上、下册）[⑦]，发表了一系列研究论文，而我则主要搜集、整理出《岭南电文集》（上、中、下三册）、《李仕安文集》（上、下册）、《曲木藏尧文集》[⑧]。虽然还存在种种不足，但我们自信已经为学界做了一些基础性的工作。

在全国各大公藏机构翻阅民国时期浩如烟海的报刊

档案，搜集彝族知识分子们的论著的过程，恰如行走在山阴道上，美景应接不暇。我逐渐意识到，尽管在绵延两千多年的正史书写系统中，西南地区的人群作为非汉族类一直拥有自己的一席之地，但进入民国后，在汉族、满族、蒙古族、回族、藏族"五族共和"的框架下，他们却陷入既非汉人也非少数民族的尴尬，也因此享受不到一些应有的权利。这深深刺痛着当时西南非汉人群的知识分子们，他们持续不断地通过著述、演讲、请愿、结社等方式，提醒中央政府和主流社会正视他们作为一个"民族"的存在。当然，他们的声音在近现代中国波澜壮阔的历史大潮中只是涓涓细流，时过境迁之后，更是逐渐消散殆尽。现在研究中国近代民族国家建构的学者们，主要聚焦于中国内地的变迁与汉族知识分子，他们眼角的余光可能会扫过蒙古族、回族等"大族"，但有多少人去真正关注西南边陲那些被掩盖了的声音呢？张兆和教授是对此展开较早探索的学者，他以民国时期苗族知识分子的自我身份表达为话题，自 1999 年起就陆续出版相关论著，直接启发了本书的研究。2006 年，李列从本位的视角，讨论 20 世纪三四十年代彝族学者对本族的研究，并将这些研究与建构自身民族认同、追求政治权利结合起来，与我的思考有相似之处。⑨不过，大量民国时期彝族学者的论著与相关档案并未被利用。更重要的是，彝族学者的那些建构与表达，与之前西南地区历史的关联性，也基本被李著忽略了。2008 年，在拙著《从"异域"到"旧疆"：宋至清贵州西北部地区的制度、开发与认同》的结尾，我明确说明了自己接下来的研究问题，以及贯通所谓古代、近代来加以解决的思路：

清末民初以降，现代民族国家观念的传播、西方传教士的活动、政府的基层政权建设等等，导致了革命性的新变局，在新的政治、文化环境中，西南地区的少数民族怎样想象与建构自己的族类身份以及更高层次的国族或中华民族？相对于学界研究较多的汉人官员与知识分子的民族国家表述与实践，这类想象与建构可能会呈现出哪些特色？这些问题关系着对传统中国如何向现代民族国家转变的理解与认识，笔者希望能够在今后的研究中予以回答。可以肯定的是，近代的想象与建构不会是一个全新的创造，只有联系"异域"进入王朝"版图"的历史，在"彝威"、"汉威"、"洋威"交织的过程才能得到妥帖的理解。（第320～321页）

事实上，彝族知识分子们的那些论著，文字通畅，文意浅近，把握起来似乎不难。但要深究为何如此表达，却殊非易事，必须在更久远的历史中寻求答案，而这正好是我过去那本书的内容。这真是一种幸运！

把过去的研究贯通到近代之后，我对当代的彝族认同问题也产生了一点表达的欲望。彝族人口近900万，分布在川、滇、黔、桂等省区。在以斯蒂文·郝瑞(Ste-van Harrell)为代表的一些西方学者看来，历史上并不存在一个叫"彝族"的共同体，是中华人民共和国中央人民政府把一些存在复杂差别且缺乏内部认同感的人群划为了"彝族"。因此，彝族是"局外观察者指定或构建出的一个范畴"，直到改革开放以后，一种新的彝族意识才出现并发展起来。[⑩]

郝瑞的研究符合第二次世界大战以后特别是 20 世纪 60 年代以来有关人群共同体研究的潮流。然而，当我带着这种主位立场，参照郝瑞的族群概念与标准，试图去接受其结论时，却产生了更大的困惑。我发现，虽然"彝族"的族称是由中华人民共和国中央人民政府定的，但自宋代以迄民国，在今天被界定为彝族的这个人群范围中，上层分子一直在建构一个横跨今川、滇、黔三省的大范围的人群共同体，今天的民族识别只不过是在此基础上的延续，并且深受过去那段历史的影响。这些想法，我以《彝、汉文献所见之彝族认同问题——兼与郝瑞教授对话》为题，于 2007 年发表在《民族研究》上[⑪]，它们会有机地融入这本小书中，获得更坚实的基础与更丰富的意义。

2010 年，《岭光电文集》在香港出版，我写了《"夷族"意识、"夷务"实践与彝族文化——写在〈岭光电文集〉出版之际》一文，权充该书导论。在文中，我揭示了岭光电等西南非汉族群的知识分子，从何种途径，凭借何种资源来想象与表达他们的族类身份及其与整个国家的关联。此文与上述《彝、汉文献所见之彝族认同问题——兼与郝瑞教授对话》一起，为我的问题提供了一个简明的回答。思路已经很清晰，框架也已完成，我以为再花两三年，就可以完成一部二三十万字的书稿。但我显然低估了自己的懒散以及各种事务的烦琐性，从 2005 年提出问题开始，又一个十年过去了，我在许多场合做过相关学术报告，但除发表过两篇论文之外，没有就此撰写出任何学术论著。我在北京、南京、成都、西昌、雅安、广州、台北以及网络上所搜集到的大量文献与口碑资料，以我目前的状态，如要认真解读，尚需数年工夫，现在就成书付梓，自然事出有因。

首先，这套"历史人类学小丛书"的宗旨深深打动了我，并让我找到了一个为自己的慵懒与粗疏辩护的借口。篇幅的限制，使我必须专注于问题的分析、思路的阐述以及历史过程的勾勒，而不必拘泥于细节的丰富性与复杂性。

其次，我打算涉及的许多具体内容，一些学者已先于我写出论著。其中最值得一提的是赵峥的博士论文[12]，该文在史料上较前人有了极大拓展，对民国时期中央政府与四川军阀复杂博弈的背景下，彝人知识分子争取成为一个"民族"方面的抉择与行动做了细致梳理。这使得我没必要再去致力于一些史实与过程的研究，而是围绕我的问题来展开讨论。

进入正文之前，有必要做一个简单说明。按照当代的民族分类，本书的主人公们，主要属于彝族。但彝族内部支系繁多，自称各异，计有"诺苏""娄素"等数十种，民族识别之前，在汉语语境中，他们则常常自称或被他称为"夷人""夷族"。不过，"夷族"与"诺苏""娄素"等所指人群有重合但不等同，而且与"彝族"所涵盖的人群同样存在差异，为了避免混乱，使论述更富学理，本书遵从如下原则：第一，史料中的"夷"，仍从其旧，不擅改为"彝"，但绝不认同其中所含有的贬义；第二，当用自己的语言叙述时，本书或为夷加上引号，或径改为"彝"。读者须注意的是，凡叙述民族识别之前的历史，本书中"彝"所涵盖人群的范围，与"夷"等同，不能简单对等于今天的彝族。

下面，就让我们进入民国时期。

注　释

①　[美]J. R. 麦克法夸尔、[美]费正清编：《剑桥中华人民共和国史》上卷《革命的中国的兴起(1949—1965 年)》，谢亮生、杨品泉、黄沫等译，14～15 页，北京，中国社会科学出版社，1990。

②　温春来：《从"异域"到"旧疆"：宋至清贵州西北部地区的制度、开发与认同》，北京，生活·读书·新知三联书店，2008。

③　读者可能会问：为何以宋代为起点？之前的汉、唐难道没意义吗？我的回答是，从区域社会史的角度来看，就目前的资料而言，我无法建立起宋代贵州西北部地区的非汉人群与之前历史的延续性。例如，贵州西北部地区被划定为彝族的群体，我不但可以知道他们在民国、清、明、元的对应人群，而且可以通过丰富的文献，确凿地揭示其社会演变情形，甚至将其与宋代的罗殿国联系起来。但再往上追溯，我就只看到一些族称以及蛛丝马迹般的记载，很难确知人群的对应关系，更无法知道其社会组织的情况及演变。

④　"化内""化外"等词语在使用过程中往往因时、因地、因事、因人而呈现出种种不确定性，同样一个地区，在渲染中央王朝的文治武功时被标榜为"与中州等"的化内之地，在强调其风俗粗陋、难于治理时则被贴上"蛮夷""化外"等标签，有些明朝称为化内的地方，清朝则认为明时尚属化外。通常而言，建立了流官政府并能将当地百姓籍为编户的地区，朝廷往往不再以"化外"视之，但也有些新纳入王朝版图之地，如清代湖南的凤凰、乾州、永绥，出于在法治方面还援用当地的"苗例"等原因，所以在一些场景中仍然被视为"化外"。参见《湖南省例成案·名例》卷一《化外人有犯》，嘉庆十八年(1813)湖南按察司刻本。

⑤　例如，对台湾、今贵州东南部等许多地区的经营就未经历过"羁縻"阶段。黔东南是清前期著名的"新疆"，统一台湾之初，台湾也曾被视为"新疆"。当然，进入"版图"成为"新疆"并不意味着所有人都成了王朝的编户齐民，即便在王朝统治的中心区域，也有不少人游离于国家的户籍之外。

⑥　这一部分内容，在我的书中已有充分体现，但我并未明确提出"内部边疆"与"内部边疆的消解"。2013年9月6—7日在海口市召开的"南海发展与合作论坛"上，我做了《中国古代的陆疆与海疆开拓》的报告，正式提出这一说法，2014年5月17—18日在遵义召开的"播州土司历史与文化"学术研讨会上，我受邀做大会主题演讲，我的演讲题目就是《"内部边疆"的消解》。

⑦　张兆和、李廷贵主编：《梁聚五文集——民族·民主·政论》(上、下册)，香港，香港科技大学华南研究中心，2010。

⑧　《岭光电文集》由我与岭先生之子尔布什哈共同整理，2010年在香港科技大学华南研究中心出版。《李仕安文集》《曲木藏尧文集》则因经费所限没有同时推出。

⑨　参见李列：《民族想像与学术选择——彝族研究现代学术的建立》，北京，人民出版社，2006。

⑩　参见[美]斯蒂文·郝瑞：《彝族史学史检讨》《从族群到民族？——中国彝族的认同》《诺苏、彝族与中国及国外更广阔的天地》，见[美]斯蒂文·郝瑞：《田野中的族群关系与民族认同——中国西南彝族社区考察研究》，巴莫阿依、曲木铁西译，56~85、260~283、243~259页，南宁，广西人民出版社，2000。

⑪　温春来：《彝、汉文献所见之彝族认同问题——兼与郝瑞教授对话》，载《民族研究》，2007(5)。有必要指出的是，后来郝瑞对自己那个过于武断的结论有所反思，但他完全没有联系民国及之前的历史来进行论证。

⑫　赵峥：《边地攘夺与"少数民族"的政治建构：以民国时期西康宁属彝族问题为中心》，博士学位论文，复旦大学，2015。除赵峥的研究外，关注民国时期西南"夷族"争取政治承认的论文还有伊利贵的《民国时期西南"夷苗"的政治承认诉求——以高玉柱的事迹为主线》(博士学位论文，中央民族大学，2011)、娄贵品的《1936~1937年西南夷苗代表在南京的请愿活动及其意义》[载《西南边疆民族研究》，2011(2)]等。

"五族共和"之外

清代四川宁远府，地界位于四川雅州府与云南北胜州、永北府、武定府之间，大体相当于今天的凉山彝族自治州范围，辖西昌、越西、冕宁、会理、盐源、盐边、昭觉七县(厅)，时人有"宁属"之称。中华民国建立后，废府存县，宁远府之名虽不存，但宁属之谓深入人心，仍常见于百姓、学者与官员的日常闲谈与正式文书中。

我们的故事，从宁属越西县一位年轻"夷人"曲木藏尧开始。

一、曲木藏尧

1. 一位"白夷"

1959 年，俄国人顾彼得（Pote Gullart）描述了他 19 年前在越西见到曲木藏尧的情景：

> 当曲木藏尧走进来时，他的外貌使我十分吃惊，与我原来想像中的完全不一样。我的面前站着一个三十出头的青年男子，他打扮得很得体，显得很殷勤和有教养，他穿了一套式样很新潮的西服，另外还配有昂贵的衬衫和领带。他热情地用很棒的英语问候我，然后我们开始用法语交谈，时不时又用另外一种语言交谈。当仆人来端茶时，他把我引荐给他的亲戚们，三位长者中有一位穿着汉式的长袍。惟一能暗示我是与一位彝族贵族打交道的

是——曲木土司瘦长的身材，鹰钩鼻子还有炯炯有神的大眼睛。[1]

40多年后，我在发黄的旧纸张上看到曲木的相片，西装革履，英气勃发，与顾彼得的文字若合符节，一位民国知识分子的音容笑貌，穿过历史的时空，宛若眼前。怅叹久之，我又深觉讽刺。顾彼得乃白俄贵族，十月革命后随母流亡中国。行走在异国天涯，过去的人生经验如影随形，作为旧贵族，他于1940年冒险进入四川彝区，为的是寻找他已经失落的"理想国"，在非汉人社会探寻独立、高傲、尚武乃至带有几分桀骜的"贵族"——这种探寻，很大程度上是他自身"贵族情结"的投射。他若知道，曲木藏尧既非贵族，更非土司，该做何感想呢？

曲木藏尧，1905年生于越西县城内南街三倒拐。按照今天的民族分类，他被视为民国时期四川彝族的英雄人物。不过，像当时千千万万的西南非汉人群一样，终其一生，曲木藏尧从未自称过"彝族"。他有两个选择，如果用本族语言，可自称为"诺（六、倮）苏"，如果用汉语，则自称为"夷族""夷人"。"夷"在他们看来是一种适当的称谓，没有任何不妥。有时，他也不得不采用被认为带有侮辱性的"罗罗（倮倮、猓猡）"的称谓。他也知道，"夷人（族）"这一称谓，包含了许多不同的族类，如要用汉语更准确地表述，他应该自称为"倮夷"。②他永远不会用的一个名称是"蛮子"，那是汉人对他们最为露骨的贱称。

"诺苏"社会确实有明显的贵族阶层——"黑夷"，俗称"黑骨头"，这正是顾彼得寻梦的所在，这一目标毫不掩饰地体现于其书名 *Princes of the Black Bone* 中。"黑夷"高高在上，与作为平民或奴隶的"白夷"（"白骨头"）之间壁垒森严、泾渭分明。再富有的"白夷"，也不可能上升为"黑夷"。林耀华称"黑夷"为"真正的罗罗氏族"，并细述其人种特征。③"黑贵白贱"的区分并非仅见于宁属，在西南被称为"罗罗"的人群中，广泛而长期地存在着这种状况。④"黑夷"自视血统高贵，并不认为"白夷"与自己的种族相同，并通过严格的族内婚制与凝固化的阶层界限来维持种的"纯洁"，他们甚至也蔑视汉人，如明朝人包汝楫称贵州西北部的"罗罗"人"掳中国男女，仍以中国男女配耦，并不给配本地人，云恐乱其种"⑤。岭光电亦云，川康地区的"夷人"认为"世人以倮族为最尊贵，其他均不足道"⑥。

学界对"白夷"及其之下的人群有着不同的划分。民国时期，曾深入凉山地区考察的林耀华认为"黑夷"之下有"白夷"与汉娃两种阶层。汉娃是新从汉地掳来的奴隶，地位最低。"白夷"从汉娃升格转变而来，历代年久，"夷人"接纳其为同类，较汉娃地位高。"白夷"内部又可细分为较具独立性的"百姓娃子"与依附于主人的"锅装娃子"两个阶层。⑦"白夷"是否全部来源于汉人当然值得进一步讨论，事实上，"白夷"身份是开放的，其种族来源并不单一。[8]

　　毫无疑问，曲木藏尧是"白夷"[9]，属越西县"阿苏"家族吉俅支，其先祖从云南迁至雷波龙头山下，后又迁至昭觉、喜德、越西，祖父毕摩子定居于越西大花乡，到父亲王家木这一代才取了汉名，并将原仅一间瓦板房的家业，扩大为有四个天井的住房、一个烧酒房、一个大后院、一个大菜园，占地数十亩，儿女们也受到了良好的教育。曲木从越西县立高等小学毕业，考入雅安川南师范学校，正值父亲外出，曲木读书心切，骑上家中的一匹白马就匆匆上路了。父亲闻讯，赶紧追至河南站，此时离家已近两百里(1 里等于 500 米)，在汹涌北去的宰骡河边，父子相遇话别。父亲摸出银子，塞到儿子手里，赠给他三句话：一要发愤读书，二要与汉族同学团结如兄弟，三不要给本族丢脸。[10]

2. 在孤独中寻求机会

少年曲木泪别父亲，越西的山水渐行渐远。伴随着乡梓逐渐远去的，是过去的经验世界中种种天经地义的信念。若干年后，青年曲木在繁华的南京指点江山，声称自己能够代表包括土司、"黑夷"在内的整个西南"夷人"。此举出自"白夷"，看似异想天开，实则智勇兼具并且对时局有着精准把握。其风度、气质与才情，早非吴下阿蒙，足以让寻梦的顾彼得以为遇到了真正的"贵族"。

在反抗族类歧视方面，父亲应该是曲木的启蒙老师。王家木识汉文，年轻时，因与"黑夷"冲突而离开"夷村"，辗转流亡，后迁居越西县城内，成为第一批定居于越西县城的"夷人"，曾任蒋介石西昌行辕咨议之职，用实际行动证实了"黑贵白贱"话语的虚妄。

背井离乡的曲木逐渐感受到，在"五族共和"的框架下，包括自己在内的整个西南非汉人群什么也不是，他的目光就此超越了父亲。20岁时，他忍无可忍，决定"努力于我夷族将来之出路"，此时，他已身处成都，不敢自称"夷人"，乃"自号汉名为王治国"。1927年，北伐功成，蒋介石定鼎南京。革命的氛围鼓舞并召唤着曲木，他前往首都，想进入中央政治学校蒙藏华侨班，但"夷人"身份怎能入学呢？他灵机一动，易名为曲木藏尧，声称自己乃西康藏人，在蒙藏委员会委员兼藏事处处长格桑泽仁的帮助下，顺利入读。[11] 2007年，在四川雅安，时年95岁的雷波彝族老人李仕安绘声绘色地为我讲述了曲木更名的趣事。这一故事在"夷人"中的广泛流传，折射出这一群体对自身身份的尴尬与焦虑。

为"夷族"争取一个政治地位，从而将自己变为整个"夷族"的代言人，顺势抹掉横亘面前而无法逾越的黑、白鸿沟，于公于私，均刺激着一位志向宏阔的年轻人毕生为之付出。他无疑非常孤独，理想就像遥远的一点萤火，而他则在黑暗的现实中踽踽独行。作为最早觉悟的"夷人"，他那时几乎不可能在自己的同胞中找到同道；作为"白夷"，他在家乡毫无号召力，他那千千万万的同胞，也根本没有这类奋斗意识。事实上，在当时的首都南京，他可能是唯一一位来自宁属的"夷人"。他也很难从外族那里寻求慰藉与共鸣，谁会真正在乎一位年轻"夷人"的感受呢？更何况，彼时作为整体的中国社会，还根本没意识到存在着一个"夷族"，不用说内地，在西南许多地区都是如此。1930 年，17 岁的李仕安先生考入了位于成都的四川省测量学校⑫，78 年后，在雅安，我好奇地问他这段经历：

温：学校里的老师和同学知道你是凉山彝族吗？

李：不晓得。老师同学也无所谓。那些年，民族关系，汉满蒙回藏，五族共和，大家都晓得，除此之外，哪个晓得其他少数民族？彝族大家都不晓得。孙中山的旗帜，都是红黄蓝白黑，五个颜色，代表五个民族。像彝、苗，没有人知道。我跟他们摆凉山情况，他们都当龙门阵在听。大家也不存在歧视，歧视要在本地才有。成都这些，他们都没听说过，哪里有歧视？跟他们讲凉山，他们还觉得好玩，热闹。唱首彝歌给他们听，他们感觉很有趣。他们根本就没这个意识。雷波就不同，天天都是仇视，汉族彝族互相见不得。

　　更为有趣的是，李先生于1936年娶了一位家住四川威远县，就读于成都女子师范学校的汉族女孩为妻，我问："她知道你是凉山彝族，嫁给你时有没有犹豫？"李先生的回答是：

　　　　无所谓，那个时候当龙门阵，她根本不知道是

啥东西，我说我是凉山蛮子，她也不知道凉山蛮子
有多凶，她没去过嘛，后来我带她到了雷波，她才
晓得凉山蛮子是怎么回事。

孤独地面对着首都南京的繁华，并无任何资源可以
凭借，曲木冷静地观察着时机。1931年1月，他终于出
手了。

此时，正值十三世达赖喇嘛在英国的支持下派军越
过金沙江，侵占川西的白利、甘孜、瞻化、囊谦等地[13]，
在西康建省以抑止达赖势力的策略日益引起重视。[14]在
1931年寒冷的1月，孤独的曲木敏锐地嗅到了时事的热
点，机智的他积极呼应建省议题，乘势将"夷族"问题嫁
接于其中。

3. 提出"夷族"问题

曲木向中央提议，将四川宁属划归西康，而宁属系

"夷族"聚居地，他因此名正言顺地提出五点建议：

一、请明令承认夷为三危之后，与康藏同种。

二、请明令夷族在政治上经济上教育上社会上，与汉人享受同等地位。

三、请明令汉夷婚姻平等。过去夷人之女，汉人可娶，汉人之女，夷人则不能娶，此为汉夷不相合之一大原因。

四、请沿中央待遇蒙藏青年求学办法，于京中设立夷人教化学校，教育夷族中能通汉文之青年。

五、请于京中设立夷务办事处。[15]

在"五族共和"框架无论于思想上还是在现实中均具有强大制约力的情况下，提出"夷族为三危之后，与康藏同种"的论点，体现出在既有框架下解决问题的策略与灵活性[16]，可谓奇思妙想！这一巧妙的提议，既与曲木曾化身藏人的经历相关，也有着一定的社会基础，出于地理较近之故，将宁属"夷人"视同藏人并不罕见，岭光电曾谈道：

> 某训练处，有几位教官，不留心遭学者之讥，虽不可深怪，但亦应改正。……又一次教官说："你们活佛什么名号？"学生说："不懂。"又问："有几间喇嘛庙？"学生说："没有！"教官说："还隐瞒作假。"其实倮族不信佛何来活佛喇嘛庙。有一次上面命令，要倮生引藏客参观。倮生不得已，一个牵一人，默行全校了事。[⑰]

此时，统治着宁属的是四川省主席兼川康边防总指挥刘文辉。在1929年的"蒋桂战争"与1930年的"中原大战"中，刘两次反蒋，固然是蒋亟欲削弱的对象，但将宁属由川归康并建省，形同从刘文辉身上割肉，中央尚不敢如此动刀。于是一方面由蒙藏委员会出面，将提案转给刘文辉"斟酌办理"，并通过行政院以西康尚未建省、川战尚未结束等理由拒绝"此时改划省区"，另一方面又表达出某种积极的意味，肯定宁属归康的合理性，明确中央在此问题上具有决定权。[18]

对于曲木嫁接进来的"夷族"问题，该如何处理呢？我们需要将历史镜头稍微拉远一些来观察。1912 年，中华民国肇造，标举"五族共和"之义。这一框架虽然在总体上深入人心，但也不无异议。辛亥革命前后，即产生过"六族共和""七族共和"之说，云南起义反清之后，也曾提出"使汉、回、满、蒙、藏、夷、苗各族结合一体"。[19]尤可注意者，临时大总统孙中山对"五族共和"同样心存不满。孙先生是一位彻底的民族同化论者，辛亥首义之前，他就主张非汉民族应当同化于汉族，其内心深处，根本容不下所谓"五族共和"，也很担心由此造成的国家分裂。辞去临时大总统之职后数年间，他虽未明确反对现行民族政策，但强调的却是五族需融合与同化，最终统合为单一的中华民族，五族的名称也将因之而消亡。1919年，他将中华革命党改组为中国国民党后，开始系统地阐述民族主义，反对"五族共和"的心声开始直接而公开地流露：

> 更有无知妄作者，于革命成功之初，创为汉、满、蒙、回、藏五族共和之说，而官僚从而附和之；且以清朝之一品武官之五色旗，为我中华民国之国旗，以为五色者，代表汉、满、蒙、回、藏也；而革命党人亦多不察，而舍去吾共和第一烈士陆皓东先生所定之中华民国之青天白日国旗，而采用此四分五裂之官僚旗。……此民国之不幸，皆由不吉之五色旗有以致之也。[20]

1921年，他将观点表述得更为透彻：

讲到五族底人数，藏人不过四五百万，蒙古人不到百万，满人只数百万，回教虽众，大都汉人。讲到他们底形势，满洲既处日人势力之下，蒙古向为俄范围，西藏亦几成英国底囊中物，足见他们皆无自卫底能力，我们汉族应帮助他才是。汉族号称四万万，或尚不止此数，而不能真正独立组一完全汉族底国家，实是我们汉族莫大底羞耻，这就是本党底民族主义没有成功。

由此可知，本党尚须在民族主义上做功夫，务使满、蒙、回、藏同化于我汉族，成一大民族主义的国家。[21]

然而，到了1924年，孙中山的真实心态，在"联俄、联共、扶助农工"的大环境中，却意味深长地出现了一种隐晦不明。在苏联与共产国际"民族自决"论的影响下，国民党在阐述民族政策时，不得不加进"民族自决"的表述，却在其中隐藏着孙中山一以贯之的"同化论"精神，这就在措辞上产生了某种矛盾。共产国际代表鲍罗廷与秉承孙中山意旨的汪精卫之间为此激烈论争，结果以前者的无可奈何而告终。孙中山去世后，国民党逐渐摆脱了苏联的控制和影响，"民族自决"的表述被删除，手握大权的蒋介石，废止了表示"五族共和"的五色旗，将青天白日旗确立为正式的中国国民党党旗，部分践行了孙中山的遗愿。五族的名称自然还在，且其观念已深入人心，但中国政府的民族政策，开始或明或暗地贯穿着民族同化的实质。[22] 在非汉族聚居区推行省县地方制度，实行地方自治而非民族自治，强调国大代表选举以行政区域为范围，等等，皆可作为例证。[23] 1933 年，蒙藏委员会委员长石青阳甚至主张该会所属各部司概以数字命名，去掉满、蒙、回、藏诸字眼，以泯灭民族界限和地域畛域。[24]

在上述政治与意识形态的背景下，凸显"夷族"绝不会受官方待见。关于曲木所提五事之第一、第二、第三项，行政院答以：

> 对于夷族平等待遇、互通婚姻各节，国内各民族一律平等，原为本党固定主张，并于第一次全国代表大会宣言已郑重声明，地位既属同等，婚姻自可互通，毋庸呈请明令规定。

对第四项所请在京设立"夷族"学校一节，行政院复称：

> 首都各级学校应有尽有，现蒙藏委员会又正在筹设蒙藏学校，该族言语既与藏族相近，如有志愿来京求学之青年，资格相合，自准保送蒙藏学校或其他相当学校肄业，与蒙藏学生一律待遇。

要求虽然被拒，但明确了"夷族"学生可享受蒙藏学生待遇，总算有所收获。最后一项是关于在京设立"夷"务办事处的，行政院决定：

> 宁属原系县治，无论隶属四川、划入西康，均在地方政府管辖之下，并非由中央直辖，无在京设立办事处之必要，原呈似可存备参考。㉕

中央显然不想彰显"夷族"的存在，但曲木也并非一无所获，舆论之火总算点燃，当时几家有影响力的报刊，如《中央日报》《新亚细亚》均及时登载了曲木请愿的全文。㉖中央也注意到了，有一位颇不寻常的"夷人"，在处理西南非汉人群事务方面具有特殊价值。曲木也由此确立了紧跟中央的行动策略，宁属"夷人"的意义，也力图纳入中央的战略中来诠释与呈现。曲木一生的成功与悲剧，均由此揭开了序幕。

曲木的策略直接源于他在南京的地利之便，选择也可谓聪明。高处发声，自上而下，容易占据道义制高点，也容易引发舆论关注；取得中央支持，在获取资源等方面也别具优势。不过，在当时特殊的政治环境中，紧跟中央也意味着为自己树立许多对立面。曲木请愿的消息传到四川，引起了一众宁属士绅的不满，1931年5月，自称为宁属八县代表的胡坤等20人，呈文中央政府，从税收、民意、交通等方面驳斥曲木宁属归康的观点，并强调"猓夷"对宁属的威胁，矛头直指曲木的同胞们。[27]同年6月，曲木以回应国人对其呈文"发生疑问"为由，撰写《川康宁雅属夷族问题及其生活的研究》，连载于《中央日报》。在该文中，他更加露骨地表示，宁属之区位不但关系"国家国防""川康交通"和"川藏交通"，而且"在军事地势上之观察，欲制四川军阀于死命，其地极为重要"，"我中央如欲彻底解决川省问题，利用此良好地势及强悍民族，为切断军阀后尾之出路，使能瞻前

而不能顾后，不难用重兵一鼓荡平"。㉘

很快，曲木就从蒙藏学校毕业了，恰逢九一八事变爆发，已经崭露头角的曲木，以"夷族同胞"的身份，受邀至南京各中等以上学校演讲，他情辞恳切，"语言尤流离动人，颇能激发当时一般人之同仇敌忾心里[理]"㉙。"夷族"前途关系着国家安危，"夷族"问题联系着新形势，曲木在时局变化中更新着他的陈述。当年11月，国民党第四次全国代表大会在南京召开，曲木申请以"夷族"代表的身份列席，理由是：

第一，"夷族"聚居于川、滇、康边防要地，拥众百万，但没有一位代表；

第二，数百年来，政府的不作为，导致许多"夷人"形同独立，加上帝国主义"煽惑侵略"、本身文化落伍等原因，"夷族"未能成为"我大中华民族中健全之民族及作我西南保国之干城"；

第三，现在国家外患日亟，"正当急谋振兴大中华民族之秋，是则对于提携边疆弱小民族当开一新纪元"；

第四，曲木为"夷族"中到内地接受三民主义教育之第一人，又身为党员，在党国"另树新猷之际"，感于"总理民族主义之深痛于外患之烈"，故恳请列席大会，将"夷族衷肠中所欲请求者得陈述于全国代表之前，使全国代表皆注重边疆进而扶植边疆弱小民族以巩固全国边防"，是为"夷族"之幸！党国之幸！

执政者的视角与曲木仍然没有交集。大会秘书处援引了国民党第四次全国代表大会组织法第二条，指出"全国代表大会开会时，中央执行委员及中央监察委员得出席，中央候补执行委员及中央候补监察委员得列席"，而曲木所请与规定不合，只能依法申请旁听。[30]

有意思的是，在蒙古族、藏族已有正式代表参会的情况下，蒙藏委员会还向大会秘书处申请增加名额，以满足"蒙藏及回部在京重要人士"的需求，其中包括青海藏族8人、蒙古6人、西藏6人、回部1人、西康民众代表 1 人。秘书处复称：青海藏族 8 人准予列席，其余 14 人准许"每日到会领券旁听"。^③可见，曲木的被拒，不在于规则的牢不可破，而在于中央并不想在五族之外横生枝节。

4. 四川之行

"夷族"的政治身份可以不给，但"夷族"的存在却是摆在西南的事实，曲木的价值因之而凸显。国民党中央很快任命他为"川滇康夷族党务宣传员"，蒙藏委员会则委以"西南夷族考察员"之职，派其赴四川"宣化夷族"。蒙藏委员会委员长石青阳为此亲自致信执掌蜀中大权的刘文辉与刘湘。^㉜

有着中央代表的身份，四川的军阀们也不得不给点面子。刘文辉、刘湘堂叔侄分别在成都、重庆接见了他，在蓉居留期间，前者还委以他二十四军军部参议职务，并允许他到自己所控制的宁属地区开展活动。^㉝

曲木深知，"夷族"的前途，既在于政府与舆论的同情与扶持，更在于"夷族"自身的"进步"。扶持助推"进步"，"进步"造就更多的外来扶持机会，二者相辅相成。而"进步"的关键在教育，他本人，不就是一个教育改变命运的例子吗？曲木衣锦还乡，心中不无焦虑，在他看来，同胞们不通汉语，远离文明，待人接物、日常生活种种，都有待规范。他要把孩子们召集起来，用三年的时间，教他们汉语以及各种技艺与常识，改良他们的生活方式：吃饭、穿衣、走路、坐凳子、侍奉父母、交接朋友……都要一一示范教导。㉞

在西昌小教场，有一座关帝庙。1929年，二十四军曾在此开设过"化夷学校"，由政府饬令各支"夷酋"遣送"夷童"入学，但师生语言不通，生活习惯又格格不入，学生们纷纷逃跑，学校随之关门大吉。曲木到来后，与二十四军一拍即合，在西昌联中校内兴办"宁化学校"，仍由政府饬令各"夷"遣送幼童入学，开校时多达100余人。然而，身为"夷人"且精通"夷"汉双语的曲木，仍然无力回天，学生很快"逃遁多半"，迨至曲木离开，周维权协办，学校不久就宣告结束了。究其原因，县志归于"夷童感于生活习惯语言之不同"[35]，曲木则归咎于缺乏政府的资金支持，经费全凭他的个人财产和"向夷人募集"，难以为继[36]。40多年后，同窗好友杨尚忠的回忆支持了曲木的观点，杨认为，刘文辉之侄、西昌驻军长官刘元璋对曲木满不在乎，多次给他泼冷水，学校仅办两期后就因经济困难停办。[37]政府的不支持，可能也是无暇他顾，当时因刘文辉、刘湘争夺蜀中大权而爆发了中国现代史上有名的"二刘大战"，刘文辉节节败退、狼狈不堪。曲木的学生中，有一位叫潘文明，中华人民共和国成立后曾做过越西县政协委员。[38]

曲木的离去，并不意味着西昌边民教育的终结。对政府而言，面对着众多桀骜不驯的"夷人"，如果能通过教育来予以"化导"，减少他们与汉人之间的相互敌对，培养他们对政府的亲近感，将"夷人"纳入管理范围，可谓上上之举，因此自清末以来，许多地方官员都致力于此，形成了所谓"边民"教育。仅以西昌县(今西昌市)而论，曲木离开数年后，又办起了边民训练所以及多达16所的边民小学校。[39]此时，在"二刘大战"中丧失蜀中大权，被迫退到雅安、宁属、康定一带的刘文辉，积极推动西康建省并当上了省主席，边民训练所就由他兼任所长。

西昌的办学虽以失败告终，但曲木在这里收获了爱情。他邂逅了后营巷汉族商人之女朱彬礼，二人彼此爱慕，喜结连理。在当时的宁属"夷人"社会，娶一位异族女子，可谓惊世骇俗！直到中华人民共和国成立后，宁属的许多彝族男女仍然不能接受与他族通婚。1990年，凉山彝族男青年曲木约质与汉族女青年柳翠香相恋，遭到整个家族的强烈反对，要将他开除出氏族，他的堂哥甚至要打他杀他，以命换命。婚后其父母亲戚都与他断绝了来往。[40]

曲木倡导"以性救国",他的婚姻,是两情相悦,也是社会革命。在他看来,只有不同种族的混血,才能造就优等的人种。汉人头脑聪慧,但体魄不强,且沉溺于鸦片,日渐柔弱。"夷人"智识落后,但体格强健。"夷汉通婚",优势互补,新一代的中国人必然兼具文明的头脑与"野蛮的身体"。[41]曲木婚后育有一女名曲木阿依。2007年11月在成都家中,她向我畅忆往昔,说自己1950年看见解放军进城就参了军,自中央民族学院第一期毕业后,她就职于《青年报》,被《大公报》誉为"新中国的第一位彝族女记者"。她的丈夫扬岭多吉是藏族人,曾任四川省副省长,西藏自治区党委副书记、自治区政协主席。

此番四川之行,曲木还扮演了演说家的角色。入川之后,二刘亲自出面接待,许多机关、学校都来请他演讲,记者纷至沓来,"一时轰动成渝两地"。为了应付四面八方的来客，他专门找了昔日同窗好友杨尚忠、曹良壁来协助。1932年，他在遂宁讲述在上海目睹"一·二八"事变的见闻，宣传抗日，"英姿飘逸，谈吐雄快"，为舆论界所瞩目。[42]

5. 对"夷族"的论述

王陆一所题《西南夷族考察记》书名

1933年1月，曲木在寒风中返回南京复命。[43] 11个月后，当严寒再次来临时，他已出版了《西南夷族考察记》一书，是为第一部从主位角度论述"夷族"的著作。在繁忙的公务之余，如此快速地撰就此书，可见曲木的勤奋、才思以及亟欲凸显"夷族"存在的迫切心情！除该书外，曲木对"夷族"的论述，还呈现于不断的演讲中。

西南汉人常称"夷人"为"猓猓"，曲木深悉其意，"大意不外说他与动物相似，还不脱犬羊的形状，无具人的资格"。但他对此却秉持着一种冷静，在书中，大量出现"猓夷""猓夷民族"等称谓。该书的材料，主要来自他的亲身经历与调查，涉及族源、历史时，则采用汉文史籍、地志、笔记，如历代正史中关于西南夷的记载，《云南通志》《南诏野史》《滇中琐记》等。

曲木强调，征诸史籍，"夷族"源出中国本部，从中心地带分离出来后，占据西南一隅，顺应自然环境而形成风俗、语言、文字、习惯各异之民族，因地理的闭塞，"文化无由发展"。以此，曲木反驳"夷族"西来说，否定"夷族"是外国人种。至于许多"夷族"不向政府缴税、不受法律约束、与汉人之间相互仇杀、形同独立等，是长期以来政府的治边政策错误所致。曲木由此在学理上肯定了"夷族"是中华民族的一分子。

"夷"是一种泛称，涵盖西南的苗、"猺""猓夷"等族；也是一种专称，特指"猓夷"——这正是曲木书中所指的"夷"。"夷"（"猓夷"）分黑、白，"黑夷"占十之一二，"白夷"占十之八九，曲木承认"黑夷"是领主，居统治地位，但并不认为黑、白"夷"的血统天然有别，也不认可双方之间绝对壁垒森严。在他看来，黑、白"夷"原系同源，无非"黑夷"居统治地位而已。"白夷"如果势力壮大，同样可以跻身"黑夷"，甚至取而代之。不过，"黑夷"始终能保持血统的纯粹，而"白夷"却不断混血或同化他族，由此分出三种"白夷"：第一代"白夷"，纯为"黑夷"血统，不过居于被统治地位；第二代"白夷"，血统混杂；第三代"白夷"，皆为被掳汉人。曲木的论述，消解了"黑夷"自诩的神圣性。

　　曲木十分强调"夷族"对国家的重要性。首先，控制了越南、缅甸的英法帝国主义，其殖民中国大西南的祸心昭然若揭，他们利用少数汉奸，贩卖武器给"夷人"，怂恿"夷人"与汉族脱离关系，并欲修铁路联通昆明，如果计划完成，不但可"制云南之死"，而且进而可控制四川，西南各省，将成为又一个东北。欲阻止英法帝国主义的野心，经营好扼川滇之要冲的"夷区"是关键。其次，当时中央尚不能有效控制西藏，英国又积极怂恿西藏独立。"夷区"毗邻藏区，虽大山重叠，但海拔较低，将其划入西康后新设一省，有利于解决西藏问题。最后，"夷区"物产丰富，若能加以开发，推行移民殖边，有助于解决内地人口过剩的问题。在一次演讲中，他更加直白地警告，其时满洲被日本侵占，蒙古正闹着要独立，新疆的回族更梦想着恢复从前的势力而脱离中国，至于西藏，达赖的野心与英帝国主义的阴谋交织在一起；中国已经形成孤立地位了，"满、蒙、回、藏，都脱离了，我们眼前还不赶紧抓住这一个民族——猓夷民族?"

曲木认为，"夷族"主要分布在四川建昌道，即宁属范围，"其他如云南边境及西康木里一带，亦散居有此种民族"。今天贵州的彝族聚居区，被他忽略了。"夷族"的总人口，他估计有 100 万左右，其中与政府较为亲近的"熟夷"，为数有 33 万多。在之后的一次演讲中，他则认为"夷族"人口有 200 万。这样悬殊的数字，说明当

著名学者、书法家谢无量为曲木藏尧的
《西南夷族考察记》题词

时对"夷族"人口尚缺乏系统的调查统计，他对"夷族"的认识，也处于不断更新中。[44]

《西南夷族考察记》一书，由国民党元老于右任的亲信、时任监察院秘书长的王陆一题写书名，辛亥革命元老、书法家公孙长子为该书题词，蒙藏委员会委员长石青阳、代表蒋介石入川协调中央与地方军阀关系的曾扩情均为该书作序。该书1933年12月在南京出版，不到半年后即再版。[45]

二、阿弼鲁德[46]

1934年3月下旬某日，南京提拔书店内，一位25岁的年轻人正聚精会神地阅读着最新一期《聚星》，上面载有曲木藏尧的《从西南国防说到猓夷民族》。他完全被吸引住了，脸上不时浮现出兴奋之情。

年轻人叫阿弼鲁德，是贵州威宁县大街乡野洛冲

"黑夷"，汉名王家勋，字敏恭，先世系乌撒土司的布摩，但自清初乌撒改土归流后，王家就逐渐放弃这一职业了。而且随着上好的田土被清军占据，王家像当时的其他"夷人"一样，被迫往山上迁徙，到鲁德时，已在野洛冲居住了几代。[47] 杨柳河自南向北，在群山之中蜿蜒而来，野洛冲位于极其狭窄的河谷地带，海拔1800多米。站在谷底，触目四望，东西北三面皆山，平畴鲜少，羊群悠游于山间，谷地以及山中平整出的土地上生长着苞谷、洋芋与荞麦，在凉爽的高原夏天，农人们鲜艳的本族服饰掩映在粉红、嫩绿交错的荞花中。这是鲁德自小熟悉的风景。近一个世纪后，即2018年春天，鲁德之孙王险峰先生带着我翻山越岭来到这里，景物大都依旧，但杨柳河已经干涸了近30年，烤烟成为另一种重要作物，烟草公司在河道上修了一条简易公路。问起这条曾经的河流的名字，当地人大多已茫茫然了。

鲁德的弟弟王家均，现年99岁，身体康健，住在威宁县城内。他说，小时候家里算不上多富有，"我家当时有四户佃户，其中安多街一户、以独一户、邱家湾子两户，另有一户长工，牲畜有绵羊、山羊，牛长期都只喂一头，还养有马"。这样的家境当然还过得去，但要让子女走南闯北去读书，显然力有未逮。鲁德还小时，父亲就去世了，他的舅舅（汉名安延桢）也是他的岳父，财力雄厚，一直资助他。鲁德幼年入读于族人王天铨于1907年创办的四方井教会学校，毕业后，进入基督教循道公会创办的云南昭通宣道中学，完成了初中学业，然后赴贵阳市读高中，1933年来到江苏，就读于南京附近的中华三育研究社教会大学。"我舅舅（鲁德之岳父）给他寄钱，是安排一位苗族老人到赫章县的葛布去寄，是教会系统的邮政。"王家均老人回忆说。

鲁德是一位充满激情和理想主义的学生。对于曲木，他虽缘悭一面，但并不陌生，1931年，《新亚细亚》

月刊上刊登了曲木写给戴季陶的信，他读后心潮澎湃，按捺不住内心的激动，立即致函曲木，可惜未能送达曲木手中。此后，曲木的文章与行动不断见诸报刊，令鲁德颇为神往，但他遍查曲木住址而不得，拜访无门。

曲木的新作又一次震动了鲁德。他很快修书一封，委托提拔书店转交。才过了几天，他激情未消，意犹未尽，再次致信曲木，除表达赞美与钦佩之外，他坦言：

可是，先生，纸上谈兵，每多不济于事，所以吾人欲作此重大之工作，必须组织严密之团体——文化促进会——在中央政府指导之下，奋力猛进，作我族之向导。在纵的方面，我们必须集合多数同志，努力宣传，恢复民族的意识，振起民族的精神，组织成一个有系统，有规律的民族，使能适应现在的环境，永久生存于世界。在横的方面，努力普及教育，增设文化机关，促进民族文化，提高民众的智识，使知自卫、自治之方。不再受帝国主义者之愚弄，在世界民族史上，争一点光荣，先生以为然否？

在人类中，有组织的团体，才有生存的可能……

今日这种复兴的责任，我们自身不来干，谁又肯来负这个重任呢？[48]

鲁德一语道出关键之处——组织。曲木显然被深深打动了！此时的南京一带，已多了几位"夷人"。年龄最长者为王济民，亦名曲木倡民，是为曲木的兄长，经由曲木的介绍入读于南京晓庄蒙藏学校。一位是越西田坝的土司岭光电，"夷"名纽纽慕理，是南京中央陆军军官学校（以下简称"中央军校"）的学生。一位是安腾飞，其祖上可能是乌撒土司辖下的土目，当时在镇江的中华三育研究社念书。还有一位是王奋飞，来自水西土司的大本营——今大方县，就读于金陵大学。⑭寥寥数人，族类身份相若，邂逅在繁华的天涯异乡，自然生起特别的情感。"你理解不了我们。"2008 年，李仕安先生在一次谈话中，提到岭光电，他就掉泪了，他说："1942 年我在西昌第一次见到岭光电。我们一见如故，我和王济民也是一见如故。你们体会不了，汉族与汉族碰到，不会有我们这种感情，现在的彝族人也不会有了。这是被压迫民族的感情，到处都说我们是蛮子！"

曲木是"白夷"，也并非最年长，但他的阅历与身份，使他无可争辩地成为众人的核心。鲁德写信之后仅仅月余，经由曲木牵头，"西南夷族文化促进会"正式成立。设立此会的公开理由是：文化之进退，关系一民族之存亡，苟一民族不努力其文化之进步，则覆亡可立而待；现在中国国难当头，大中华民族已于生存之意识下觉醒，作为大中华民族一分子的西南"夷族"，自当奋发追赶，完成整个中华民族之复兴；因此，本着中山先生仕安兄：11月7日收掉此，我若尿病已控制着了，但连警察注射此后引及的未尝再去全愈，请释念。7日你又写给路的代费收到。

……

岭光电致李仕安的信

"提携国内弱小民族，与扶助世界弱小民族之精神"，成立西南夷族文化促进会。曲木亲任促进会常务委员，阿弼鲁德、岭光电、王奋飞、安腾飞任执行委员，王济民任候补委员，办公地址设于南京汉府街玉琳坊二号。入会的条件是：凡旅京、沪一带之"夷族"，同情本会宗旨，经会员三人以上之介绍皆得为会员。不过，南京的"夷人"就那么几位，除了常委、执委、候补执委，估计就没几个普通会员了。

促进会的成立，意义深刻！首先，这确定了之后"夷族"运动的一个方向——组织化与机构化。其次，通过与来自各地的"夷族"接触以及西南夷族文化促进会的运作，曲木心中的"夷族"范围显著扩大了。此前，他认为"夷族"主要分布在四川宁属、云南边境及西康木里一带，总人口有一二百万。而在《西南夷族文化促进会宣言》中，"夷族"则处于川滇黔康数省之地，人口多达两千余万。而促进会除在首都设立总会外，还拟在川滇康黔"夷族"最多之处设立分会。最后，曲木以"白夷"的身份，在促进会中居于中心地位，受其领导者，有土司、有"黑夷"，这在大家过去的人生经验中是难以想象的。这表明，这一群为"夷族"争取政治地位的年轻人，对所谓"黑白"界限有着一种全新的眼光与豁达的心态，在争取"夷族"与他族的平等权利时，自然也超越了自身内部的不平等。[50]

促进会成立甫一月，曲木被国民党中央、蒙藏委员会分别委任为川滇康夷族党务特派宣传员、西南夷族考察员，再次前往西南，以期"逐渐发展川滇康边境夷族之文化，为中央开发西南之先声"[51]。他的离开，打击了新生的促进会，余下诸人，大都忙于学业，而且资历浅，社会影响力有限。不过，促进会仍然在运转。满怀激情的阿弼鲁德放弃了学业，专心操持着会务工作，个人的经济状况因此而陷于破产境地——他应该是贴了不少钱。[52]

促进会成立后，大家积极利用各自的社会关系，努力向数千里之外的西南各省"夷区"传递这一信息，以期引发同胞共鸣，获得他们的支持并建立分会。凉山地区实力最雄厚的土司之一——暖带密土千户岭邦正知悉后，用本族文字致信王奋飞、岭光电，岭光电将其译为汉文，其中说道：

> 以前计划，我都赞成，并愿实地有所表现，无论是解除（自）身痛苦，无论是发奋为国，都应有很好的计划，如你们指示的。……现在我们一共要为国家民族求得没痛苦，没贫贱，相亲相爱的一个安乐社会吧！
>
> 文化促进会，最好在南京有很好（的）工作完成，取得中央的联系，免得怪[坏]人破坏，妨害工作。川南分会不愁会员少，经费不愁找不住，只愁政府不准，和一些人的嫉妒。

岭邦正也倾诉了自身的孤独之情：

> 现在我一人孤立，对官府，对赤匪，对绅粮，对黑夷都自己去担当，呵，多么寂寞！㊼

积极回应者当然不止岭邦正，王奋飞为此表现出了一定的乐观："经济方面，已得各方来函，稍有把握，我等也相信整个的西南夷族，并未消灭干净，我们的后援，总不会无人。"鉴于运动刚刚开始，他认为当下工作的重心是宣传。㊔

对此，阿弼鲁德深表赞同，并抛出了一个大方案——在《中央日报》开辟专栏，却被王奋飞当头泼来一盆冷水。王认为此事毫无可行性，寥寥数人，有的已赴外地，有的忙于学业，怎样负责"每期三五千言的文责"？与其让专栏名不副实，还不如与《中央日报》商洽，有需要时就发表一些。此外，有多少同胞能接触到《中央日报》? 当务之急,应该是直接面向他们宣传,而不是从"最高峰的中央日报下手",王就此拟定了具体的方案。在他看来,现在促进会"名已过实百倍,再在中央日报上一吹,恐将千倍过之矣!"⑤这个意思,当然是说促进会尚未做多少实际事情。奋飞显然较鲁德多了一份冷静与沉着。

仅仅 10 多天后,鲁德就离开了南京,前往云南,深入"夷地"去开展动员工作。⑤这一突然的决定,是否与奋飞的触动有关,我已经难以判断。而鲁德妻子安美媛的回忆则揭示了他所面临的新困境:当时贵州搞清乡,政府到处筹款,鲁德的岳父被逼着交钱,人被抓了,家里的枪也被收了。无法再得到岳父家支持的鲁德,只得告别南京,前往云南。在云南,他推动建立了西南夷族文化促进会昭通分会。昭通与威宁山水相连,鲁德在这里享有地利人和之便,他常常骑着马奔走在滇黔边境绵延起伏的群山之中。"这匹马,究竟是昭通分会配的,还是我舅舅(鲁德岳父)给的，我已经不清楚了。但马夫李小根，是我舅舅派的。"王家均老人回忆说。大概就在这一时期，云南省政府主持修建的昆(明)昭(通)公路的施工已进入最后阶段，因滇东北的会泽、昭通之间山险谷深，工程艰巨，遂将路线改由宣威经黔省威宁而至昭通[57]，鲁德又在龙街动员民工参与筑路。

回到家乡后不久，鲁德就与表妹安美媛结婚了。在杨柳河谷的野洛冲老家，他们举办了一场轰动四方的新式婚礼：家门口搭了一个台子，台子四周铺满翠绿的松针，松针上面坐满了来自四方井、勺落多两所学校的师生们，新娘穿着从昆明买来的洁白婚纱，与主婚人、新郎、男傧相、女傧相一起站在台上。[58]安美媛毕业于云南省立女子师范学校，是一所教会学校的老师。

鲁德返乡后，于1936年发表了一篇《中华民族之复兴与西南夷》，该文开篇即洋溢着鲁德一贯的激情："国土日蹙！民族不安！有五千年攸[悠]久历史之老大中华民族，大有岌岌不可终日之势！"接着，他像曲木一样，简述了中国所面临的危机以及"夷族"与国家之间数千年的关系，并号召"夷族"青年为了中华民族的未来而奋斗牺牲！此时，外蒙古早已独立，东北沦亡于日本，英、俄势力渗透于西藏、新疆，西南一隅也面临着英法帝国主义的虎视觊觎，更可堪忧者，日本在华北步步紧逼，通过所谓"防共自治运动"，极大地侵蚀了中国在华北的主权，目睹国事日非，鲁德笔下激荡着忧愤之情。[59]

这篇文章当然含有为"夷族"争取政治地位的策略，但是否同时兼有诚挚的国家情怀呢？鲁德的心曲早已湮没于历史之河，我们只有在蛛丝马迹般的史实中探幽寻奥。1938年，贵州省政府保安处副处长刘鹤鸣要扩充人马，鲁德积极响应，招了七八十人，组成一个连，亲任连长，先后在贵阳、关岭等处驻防。再二年，经同乡亲戚、时在滇军第九十三军任营长的安永松介绍，他认识了滇军重要将领、卢汉的叔叔卢浚泉，于是改而投奔滇军，开拔到弥漫着抗日烽烟的云南开远，先后担任过特务营营长、辎重营营长等职。王家均回忆说："哥哥到滇南抗战后，就没有回过老家。"安美媛曾带着儿女跟着鲁德在开远大庄乡随军，也很难见到丈夫一面。迨至抗战胜利，滇军调往越南对日受降，安美媛带着孩子返回威宁老家，鲁德则被裹挟在接下来的国共内战洪流中，1947年随着滇军第九十三军远赴东北，担任某团团长，后在辽沈战役中失踪。安美媛没有再嫁，在那些艰难的岁月中，独自带大了一儿一女，于1992年12月去世。

鲁德离京返乡后，王济民接过了促进会的会务工作，同时准备会刊《新夷族》的出版。不过，王年龄较大，觉得学校生活苦闷无味，实在难以坚持，决定辍学返乡，从事实际工作。他致信弟弟曲木，让他汇寄旅费，却迟迟不见回音。愁眉苦脸、焦灼万分的他，去找岭光电倾诉，岭当即把养母给自己的一对金耳坠、两个金戒指，连同二十五元大洋，一并交给他。王接下时，双手发抖，眼泪直流，不住地叫："阿巴，阿巴！"若干年后，他对岭说："你那时不过二十一二岁，还带孩子气，可敢干这样大方、慷慨的事，感铭钦佩之意油然而生，成为我拥戴你的根由。"一向朴素节俭的岭氏，为何如此慷慨呢？他说："我认为让一个彝人流落在外是可耻事，不帮助他走，再住旅馆，欠债更多，前途更糟。"[60]这或许就是仕安先生所讲的我不能理解的那种情感吧。

另一位执行委员安腾飞，染上了鸦片烟，也在这一年返回家乡贵州。偌大的南京，只剩下岭光电、王奋飞两位"夷人"，二人都是潜心学业的学子。奋飞后改名为王桂馥，在抗战时学军工，1942年研制曳光弹成功，朝鲜战争初期，又研制出七九式步枪弹。退休后，他研究古彝文，成为该领域的著名专家。

西南夷族文化促进会，随着诸人的离去而名存实亡。两年后，云南永胜的高玉柱出现在南京，这位不平凡的"夷族"女子，激活了陷入停顿状态的促进会。

三、高玉柱(一)

1. 滇西才女　民国新流

高玉柱，原名擎宇，号北胜女史，1907年生于今丽江市永胜县。高氏堪称云贵高原上的一位奇女子，有"滇西才女，民国新流"之誉。她是永北直隶厅北胜土知州高长钦之女，土司苗裔，善于骑马，精于田猎，让人联想到西南非汉族群女子的英姿；她工书、画，能诗、文，抚琴弄箫，好似一位雅致的中国古典仕女；她幼年赴法，14岁回国，毕业于大理女子师范，曾在云南大学修业，颇具现代知识女性之特征；她又像一位女侠，偶着男装，落脱不羁，屡有惊世骇俗之举，民国十九年(1930)，23岁的她与昔日男性同窗杨庚年"促膝聚首，连日不去"，纵论天下大事；她同时又长袖善舞，打扮时髦，语言流利，出口成章，在繁华的南京、上海口若悬河，从容交接社会各界，应对各路记者，抽着丽美牌香烟，活脱脱一位交际花；她接受过高等教育，终身未婚，是位充满个性的民国新女性；她当然也美貌，这从云南省主席龙云的大公子龙绳武对她的追求即可窥知；而她不惜触怒龙家，拒绝了龙绳武，更显示出一种为自由而蔑视权贵的价值追求；最后也是最重要的是，她像曲木一样，怀有将争取"夷族"政治地位与个人前途相结合的宏伟抱负并且极其善于抓住机会。[61] 她洒脱不羁，与许多男性过从甚密，但或许是她的志业以及自由的心境不容于世俗之累，所以似乎从未往婚恋方向考虑过，这从其致好友冯昭的《感词》中可见一斑：

……至于尘恋，早已决绝，萧疏冷漠，自甘寂寞终身。有如百尺乔松，亭亭独立，一觞一咏，尚能别寻生趣，何肯以汶汶之白，而蒙世之尘垢；拖泥带水，受一切苦厄。倘不知音，诮也骂也，概不与较。《山海经》曰："山膏如豚，厥性善骂。"管仲曰："生我者父母，知我者鲍子也。"盖知己重于感恩，道义深于臭味。知希之贵贤豪，所谓得一而无恨者，不是知音不与弹，其非之也何足怪。同志者，必不以予言为迂焉。

这可以理解为对追求者的婉拒，但结合她终身未婚的事实来判断，其间似亦不无心曲流露之意。

宏伟的志向并未掩盖其女儿娇态，其活泼幽默，亦时有流露。民国某年，其母寿宴，当地文化名流徐冠三在座，她在向徐先生敬酒时出对：

福德堂上，来一白发老翁，哈哈笑，笑哈哈，嗨！笑过不了。

徐先生略一沉吟，便即对上：

元凯庭中，进个红颜女子，娇娇滴，滴娇娇，
唉！娇得爱人。㊌

2. 南京请愿

1936 年 7 月，岭光电即将从中央军校毕业之际，遇
到了来南京的高玉柱。她的身边，常常跟着一位西装革
履、戴着眼镜的儒雅男士——喻杰才。杰才字汉三，
1903 年出生于云南丽江县（今丽江市）七河乡，按今天的
民族分类，他应当属于纳西族。杰才 20 岁时考入云南
陆军讲武堂第十七期炮兵科学习，一年后毕业，1927 年
起历任国民革命军第三十八军司令部炮兵营排长、连
长、营长等职，达到了他军旅仕途的顶点，此后便一直
落拓不得志了。㊍

此时的玉柱，并无多少叱咤风云的社会资源。与执掌云南军政大权的龙家在婚事上的龃龉，阻断了她参与云南地方政治的前途，也意味着她很难得到滇省政府的支持。虽然是土司之女，但她家的小王朝在1908年已被改土归流，那时她才两岁。其家族甚至已经被认为是汉人，在20世纪50年代的民族识别中，被划为汉族。"她汉语很好，但其实已经不会说本族语言了。她不会，我们这里姓高的人都不会，早就汉化了。"2018年，玉柱的族叔高世祥[64]坦言。

在1936年这个炎热的夏天，看上去与汉人无异的玉柱，内心深深地荡漾着非汉族类的身份意识，并且从时局的变化中，敏锐地感觉到了通过非汉身份获取政治前途的可能。1934、1935年间，借着围剿红军并迫使红军长征的机会，蒋介石的中央军剑指西南，大大加强了对西南地区的控驭，贵州一省更是被纳入了中央的直接控制中。对西南渗透的深入，使得中央政府开始直面西南复杂的民族问题，不得不予以重视。1935年，蒋介石莅临贵阳，时有苗民唐明贵上书委员长，要求"解除苗民痛苦，提高苗民文化"，于是蒋介石将此信批交贵州省政府转教育厅参考，并拨出专款十万元发展贵州民族教育。在蒋的关注下，省政府令各县县长督同教育局局长，将所辖地方的"苗夷"种类、人口数量、学龄儿童、教育程度等，分别调查呈报，并办了一批专门针对少数民族的师范学校与小学。⑥中央政府权威的展示，蒋介石对民族问题的亲自过问，使得早就关注"夷族"政治地位的高玉柱，敏感地意识到了一个奋斗的方向，于是与落落不得志的喻杰才一拍即合，共同奔赴南京，声称感于蒋委员长莅临滇黔时对"夷苗"民众的关心，特代表西南土司、"夷苗"民众前来报答中央的德意，并恳请"解除夷苗人民痛苦，指导夷苗民族各方面之事业"⑥。一位并无多少外在民族特征并且父辈就已失去土司身份的女子，敢在最高当局之前进行这样的宣示，其胆识与谋略，令人震惊。多年后，97岁高龄的永胜老人谭碧波称："我们家乡的这个高玉柱，胆子特别大，老蒋、宋美龄她也敢哄，什么她在云南是统治者，管多少人，其实都是虚的，但宋美龄相信她，她在南京威风得很！"谭碧波1936年去南京时，在火车上钱包被偷，身无分文的他求助于高玉柱，玉柱为他安排吃、住，并给了他一笔钱。[67]

谭碧波老先生的回忆，让我想到了1937年2月玉柱在上海的一次演讲。面对杜月笙等一众头面人物，她侃侃而谈："余素习夷苗语，学了两年汉文，今日因免翻译麻烦，用国语讲话，不达之处，尚祈指教。"[68]在大夏大学的演讲完毕，面对着索取签名的听众，她甚至"签了几个很希奇的土文"[69]。

一位早已"汉化"的女子，刻意制造出自己的"非汉"特征；一位父辈就已失去权力的土司后裔，要挺身代表西南的土司与民族。等待着她的，会是什么呢？

那时，玉柱常常戴着一顶西洋贵妇人的阔沿帽，一双大眼睛清澈而活泼，尚未开口，先响起一串银铃般的笑声，脸颊上浮现出一对迷人的笑窝。她开口的第一句话常常是："我是一个野女孩子，什么都不懂得的啊！"[70]态度温娴而虔诚，言语热情而富有感染力。1936年的夏天，初次相逢高玉柱，岭光电可能没有意识到这样一位女子能为"夷族"带来什么，但他欣然接受了参与请愿行动的邀请，并去约王奋飞，也是一拍即合。很自然地，玉柱和杰才成为西南夷族文化促进会的执行委员。四人又联络了云南"苗人"王建明、贵州"苗人"李学高等。玉柱虽是女流，但其身份、才干与阅历，使其毫无争议地成为众人的领袖。综合相关史料可知，他们的奋斗目标，与曲木此前的请愿大体一致，却更为丰富，可归纳为四个方面。

其一，争取同蒙古族、藏族一样的地位与待遇。例如，中央特设"夷务机关"（类于蒙藏委员会），在"夷苗"

西南沿边土司"夷苗"民族来京请愿团全体代表合影，从右至左依次为王奋飞、喻杰才、高玉柱、岭光电（《蒙藏月报》，1936年第5卷第6期）

民族中推选国大代表，在南京中央政治学校附设夷苗学校（类于中央政治学校附设蒙藏学校）等。

其二，设立夷务委员会，开发"夷苗"区域的经济，发展教育、卫生、文化各项事业。

其三，组织"夷苗"。支持、资助"夷苗"建立自己的机构与组织，如西南夷族文化促进会；注重边地党务工作，加强对"夷苗"的指导；训练"夷苗"民族武装等。

其四，边地官吏昏庸腐败，请中央制定边地官吏任用办法及赏罚条例。

以上诉求在政治上的理据，是孙中山提出并被蒋介石所继承的民族主义原则，1924年1月，《中国国民党第一次全国代表大会宣言》声明：

国民党之民族主义，有两方面之意义：一则中国民族自求解放；二则中国境内各民族一律平等。

同年4月，孙中山《国民政府建国大纲》（以下简称《建国大纲》）第四条称：

其三为民族。故对于国内之弱小民族，政府当扶植之，使之能自决自治；对于国外之侵略强权，政府当抵御之……

纸上的理想与"夷苗"的现实之间显然有云泥之别，请愿行动在政治上理据充足。他们也提醒中央政府注意，重视"夷苗"不只是政治原则，更关系着整个中华民族的前途与命运。

第一，在国防方面，英、法帝国主义侵越南、占缅甸，与"夷苗"在在接壤，其野心直指西南，其势力不断渗透，其策略则为诱惑、策动"夷苗"，如若政府漠然置之，西南安全可虞。"当此国难紧急，西南一隅，在国防上，已成为中国之安歌拉，是开发夷苗，即所以调整西南国防，亦即延续复兴中华民族最后之生命线。"

第二，在经济方面，"夷地"物产丰富，土地肥沃，蕴藏甚多，善加开发，可为国家带来无穷之利。

这类观点，曲木此前也曾表述过，但此次却是向领袖与中央相关院部正式提出，而且势易时移，玉柱所主导的行动，较之前更具策略性。

首先，在族称方面，称"夷苗民族"而不称"夷族"。

一方面因为蒋介石在贵州时接触的是"苗民",另一方面这样可以涵盖更广泛的人群,能收壮大声势之效。

其次,高、喻二人分别自称为被推举出来的西南土司代表、"夷苗"民众代表,强化了他们自身以及此次请愿的分量与合法性。

再次,指出隐藏的威胁与"双向确认原则"。一方面强调"夷民无知",文化低落,思想单纯,亟须政府提携;另一方面强调"夷苗"深受帝国主义外患、红军"赤祸"、贪官污吏压榨等种种苦难,亟待政府解救。两方面结合,在呈现自身的种种可怜情状的同时,暗含了一种隐约的威胁:如果中央置之不理,落后、单纯的"夷苗"极易受诱惑,或心向帝国主义,或接受"赤化","无识夷民,惟利是视,遂被麻醉,甘心附逆,不顾大义"。进言之,"夷苗"需要中央来认可自身的政治地位并予以扶植,中央的正统性也可经由"夷苗"的效忠而得到强化,这是一种"双向确认"⑦,也是曲木在演讲中已经表述过的:"满、蒙、回、藏,都脱离了,我们眼前还不赶紧抓住这一个民族——猓夷民族?"

最后,以(西南土司、"夷苗"民众)代表身份与西南夷族文化促进会的名义,分别向中央政府请愿,达至相互声援、补充的效果。[72]

对西南介入的深化,使得中央对当地非汉民族的存在有了深切体会,高、喻等人所描述的西南危机也并非空穴来风,凡此种种,使得包括蒋介石在内的中央高层的态度,较之曲木请愿时更为积极。

请愿伊始,《中央日报》等官方媒体即持续进行正面报道。从1936年6月19日到30日的十余天时间里,接待高玉柱、喻杰才等人的中央机构有行政院、教育部、蒙藏委员会、国民党中央党部、国民党中央军事委员会等,相关官员的表态也颇令人鼓舞。蒋介石通过中央军事委员会代表告知高、喻二人,他"对于此项问题,颇为重视"。中央民众运动指导委员会主任王陆一向来关注西南"夷苗"问题，与曲木藏尧有过较多接触，他此次除对请愿表示同情外，还给予几位代表用费补助。国民党中央执行委员会秘书长叶楚伧"对于该代表等远道来京请愿中央之诚意，备极嘉许"，他高度肯定了"夷苗民族问题"的重要性，称其"与蒙藏问题，同一重要"，"尤在目前之严重情形下，中央更为注意"。对于代表所提"夷苗民族本身之教育经济等事项"，他也表示"中央决尽力促成，俾能享受实益"，"关系党务政治军事等项，系政府分内之事，中央当注意办理"。叶氏最后还代表中央党部要求中央宣传部"定期召致新闻界与该代表团晤谈"，"勖勉该代表等尽量介绍夷苗状况，并可发表意见"。最让高玉柱等人兴奋的，当属7月3日宋美龄在防空委员会的亲自接见，玉柱当面"陈述边地夷苗情形"，宋美龄"备极嘉许"之余，邀请她前往由自己担任校长的国民革命军遗族女校讲演。当天下午，玉柱偕喻杰才夫人前往孔公馆再次拜见宋美龄后，即转赴遗族女校"讲演西南夷族风俗习惯"。⑬演讲完毕，宋美龄又邀高玉柱到陵园野餐，合影留念。⑭

理想似乎已触手可及，但触手之处不过是镜花水月。彼时的中央政府，淡化民族问题的立场并未改变，"五族"的框架仍然不可突破，热情的态度只是笼络西南非汉人群的策略，僵硬的政策并不会因之而软化。1936年8月7日，内政部答复如下：

第一，关于国大代表名额，国大代表"系以省市区为单位，既经法定，无从增加"；

第二，比照蒙藏委员会"特设夷务机关"一条，蒙藏委员会之设置源于悠久历史关系，"夷苗散居各地，与蒙藏情形不同"，应由"各该管辖省政府统筹改进办法"，不必特设机关，"致涉纷歧"；

第三，设立"夷务委员会"之事，内政部称"开发夷苗一切事项，俟各省统筹办法后，酌量办理，目前无设置必要"；

第四，组织"夷苗"武装及开发富源等项，因初步办法尚无规定，自难置议；

第五，为了解"夷苗"情形，从"根本改进夷苗"，应由中央派员，与相关省政府共同开展调查。

行政院对以上答复完全同意，调查一项，蒋介石命令交由中央研究院办理。[75]至于玉柱等提出的请中央制定边地官吏任用办法及赏罚条例，行政院直接回称"勿庸置议"，表现出中央处理与地方关系时的小心翼翼。[76]

中央予以肯定答复的，只有两条。一是比照蒙古族、藏族，规定优待"夷苗"子弟升学问题，行政院明确指出"夷苗"学生可适用《修正待遇蒙藏学生章程》。[77]二是对于补助西南夷族文化促进会，内政部认为"自属可行"，经过相关手续后，中央将"量予补助"。[78]

3.《新夷族》

名存实亡的西南夷族文化促进会，在请愿中被激

来京请愿之西南"夷民"代表高玉柱女士(《中华日报新年特刊》,1934年第60页)

活,其会刊《新夷族》顺利出版。1936年12月,蒙藏委员会决定,每年补助该刊100元。[79]

出版会刊，是促进会成立之初就有的设想，大约是通过曲木藏尧的关系，促进会找到了时任国民政府监察院秘书长的王陆一，定刊名为《新夷族》。[30]据估计，若要定期出版不间断，除需要固定的印刷所或特约印刷局外，尚需十人以上的文字负责人[31]，这超过了当时所有在南京的"夷人"的数量。随着众人的相继离开，孤掌难鸣且潜心学业的岭光电、王奋飞，自然更无力出版期刊了。

《新夷族》首期刊行于 1936 年 7 月，这显然与高玉柱的加盟和推动密切相关。创刊号登载了她与喻杰才起草的《西南夷族代表请愿意见书》，她还以"北胜女史"之名，撰文介绍了名震西南的明代贵州水西女土司奢香，以及自己的先祖、在平定边乱中阵亡的北胜女土司高履坤，并引了一首时人的诗，其中有"铁马金戈乱如麻，英雄竟属女儿家"之句，颇有自况之意。她又用玉柱的笔名，翻译了一首歌谣《草野哀思》，译笔诚挚感人：

凄凄芳草兮！

我心如刺！

梿族频危兮！

谁其我似？

苍苍蒸民兮！

悲苦流离！

流立复转徙，

惨苦怎堪似？

古我先祖兮！

威声凛烈，

披荆斩棘兮！

创立基业。

只今独遗兮！

芳草凄凄！

凄凄乃芳草！

我心欲决裂！

名为翻译，实则体现出浓厚的创作色彩，对"夷族"状况的隐喻与折射，显露无遗。

《新夷族》的作者群，以西南"夷人"为主，促进会的执行委员悉数在列，凉山大土司岭邦正、贵州水西土司的后人安成等也撰写了文章，此外还有一些"夷族"运动的同情者，如张铁君、陈之宜以及国民党中央宣传部副部长方治等。

我所见《新夷族》共两期，第二期出版于1937年1月。两期均载有孙中山的《总理遗嘱》，其中第二期所载遗嘱为"夷文"与苗文翻译版。所刊诸文章，除"请愿"的相关文件外，大都围绕"夷族"的历史、现状、对国家与民族的意义等来展开。历史方面主要取材于汉文传统史籍，在王朝历史的时间轴上展现出"夷族"的状况，论证"夷族"是中华民族的一分子，同时指出中央王朝对"夷族"的抛弃；现状方面力图揭示"夷族"的悲惨境遇以及"夷地"所面临的多重危机；对国家与民族的意义方面则强调"夷族"在国防以及复兴中华民族方面的重大价值。所有文章相互交织，明确传达出一个声音："夷族"与国家之间存在着密不可分的相互责任，国家要承认、扶植"夷族"，"夷族"要为中华民族的救亡图存与复兴贡献力量。两期刊物在民族称号上存在一个重大差别：在创刊号中，用的是"夷族"，在第二期中，则大量用"夷苗民族"。这显然是因为，首期出版于高氏等人到南京之初，彼时大家还局限在西南夷族文化促进会的框架中，下一期刊行于1937年年初，此时大家用"夷苗民族"来向中央请愿已获得相当效应，自然不便只强调"夷族"。

当时，蒙藏委员会前任委员长黄慕松、蒙藏委员会现任委员长吴忠信、国民政府教育部部长王世杰、国民党中央宣传部副部长方治、国民政府参军处参军长吕超、陆军大学教育长杨杰等均为刊物题词。在争取"夷苗"的政治承认方面，高玉柱等人虽然收效甚微，但造就了声势，赢得了不少同情者。[82]

《新夷族》刊物，很快又陷入人员匮乏的境地。1936年10月，岭光电从中央军校毕业，前往重庆工作。次年年初，高玉柱、喻杰才称请愿事毕，奉中央命令"回南工作"，第一站去了上海。^⑧《新夷族》第一期的编辑者署名为"西南夷族文化促进会总会编辑组"，第二期的编辑者仅署王奋飞个人之名，无疑事出有因。西南夷族文化促进会的执行委员们天各一方，各自忙于种种庶务，接着又是整个国家陷入全面抗战的颠沛流离，《新夷族》的出版工作，戛然而止。

4. 上海的新星

1937年2月1日，高、喻二人抵达上海。玉柱此时并不知道，她即将迎来人生的高峰。不过，我们事后回眸，不难发现各种条件与局势的因缘聚合：在首都南京已造就了相当声势，奉有中央"回南工作"之命，彼时社会各界对西南国防以及整个民族危机的深刻意识，一般人对西南非汉人群的神秘印象，以女土司以及为民族请命的女侠角色置身于上海这座现代中国女权运动的先驱城市，高氏出色的演讲才华与社交能力以及良好的形象气质，等等。凡此种种，可谓天时、地利与人和兼备交织。玉柱很快在这座大都会刮起了一阵旋风，媒体称其"差不多已经成为举国皆知和举国瞩目的一位闻人"[84]。她频繁现身于各种社交场合，并成为焦点人物。媒体对她的关注巨细无遗，连何地烫发、何时洗澡、何处做套裙都不放过。[85]

玉柱在上海的社交范围涉及政界、教育界、学术界、妇女界、文艺界、黑社会，等等，与之来往的社会名流包括曾任中华民国内阁总理的唐绍仪与熊希龄、上海市市长吴铁城、国民党元老李石曾、著名教育家黄炎培、"海上闻人"杜月笙、京剧大家梅兰芳、青帮大佬季云卿、"交际博士"黄警顽、光华大学校长张寿镛、上海社会局局长潘公展、著名画家沈逸千、上海市妇女协进会主席金光楣、暹罗中华总商会代表许葛汀，等等。[86]

"国内瞭望"部分登载的王云五等人招待高玉柱的彩色照片(《东方杂志》，1937年第34卷第9期)

出席活动、参观各处、发表演讲、接受采访、挥毫留念、召开记者会等，构成玉柱在上海工作的主要内容，仅仅在4月的半个月时间内，她就先后在复旦大学、两江女子体育师范学校、国际及图书工读学校、工部局女中、交通大学、沪江大学、大夏大学、中华职业学校、宝山海乡实验学校、同济大学和光华大学等大中学校讲演[87]，暨南大学的演讲因时间原因被迫推迟[88]。

密集的日程安排，使她处于一种极为忙碌的状态中。1937年4月的一天上午，《青年生活》杂志记者来访，茶房叫醒了凌晨二时许才入睡的她，她身穿绿色法国装，脚着半高跟皮鞋，妩媚动人地出现在记者面前，态度温娴而虔诚，到上午十时，采访不得不结束，因为中央实业部的职员催着她前往工厂参观，即将出门之际，又有邮政储蓄处的客人来访，只好通知客人下午七时再来。[89]接受《妇女生活》杂志女记者采访时，深夜三时才睡的她，满脸倦容、声音沙哑，只能无力地躺在床上交谈。此时，市政府派来的人正在门外等候，接她去上海市中心参观，当亲戚来敲门催促时，她兴奋地起身，一边穿上旗袍，一边与记者谈话，并让茶房赶紧去给她买丽美牌香烟。[90]

以西南土司代表身份来到内地的玉柱，穿着洋溢着大都市的时髦。她原来常着西式服装，来南京后，妇女界的朋友们送给她旗袍，要她体现出中国味道，她欣然接受[91]，旗袍与西服，都成了她的所爱。她面对公众讲话，"情词恳切，爱国之情，溢于言表，阖座掌声不绝"，在同济大学演讲时，礼堂挤得水泄不通[92]，在大夏大学演讲时，"两个人挤在一个座位还不够"，"站满了许多人还要塞在门外"，演说刚一结束，请求签名的听众立即涌过来将她围住，只得取消自由提问环节[93]。

玉柱在上海的演讲和与记者的谈话，延续了此前在南京的一贯策略，在内容上也并无本质差异，通常包括"夷民"之历史、与王朝之关系、"夷民"之习俗、悲惨的生活状态以及由此带来的领土与国防危机、呼吁国家教育"夷民"并发展"夷区"经济等。

南京请愿时，用的民族称号是"夷苗民族"，但高氏更认同的无疑是"夷族"，这从她的讲话中经常略去"苗"即可窥知，当然，她会解释说"夷族"就是"夷苗民族"，

民國廿六年三月廿八日
第一千一百四十四號
每逢星期日
隨時報附送不取分文

圖畫時報

EASTERN TIMES
PHOTO SUPPLEMENT
Sunday, March 28, 1937.

云南北胜土司、西南"夷族"沿边土司代表高玉柱女士(夏晓霞,《图画时报》,1937年第1144号第1页)

而她对"夷族"的阐述，大体上是基于传统汉文史籍以及她个人的生活体验。1937 年 4 月 12 日上午在同济大学的演讲中，她先抱怨"五族共和"的框架遗漏了"夷族"，接着对"夷族"做了一个界定：

> 现在我们所讲的夷族，是专指西南各省边区的夷苗同胞而言，这些边疆同胞，是我国最古老的民族，也就是中原最初的土人，数千年来，同着国内的先进汉族，是有深切的关系，就是与其他的各民族，也有不少的关系。……说到西南夷苗的人口，散布在滇黔川康各省边区的统计不下两千万。[94]

两千万这个人口数据，是西南夷族文化促进会创建之初提出来的，显然并非来源于严格的统计调查。这一数据，已远超蒙古族、藏族、满族等族人口，要求国家承认"夷族"的政治地位，自然合情合理。

玉柱的谈话，通过一种悲情的叙述，在向国家表达效忠的同时又暗含某种威胁的意味，她对《妇女生活》的记者说道：

> 我们无知的(夷苗)老百姓，真以为外国人待他们好，很自然的归向他们了。你和他们去讲吧：他们根本不懂得什么叫国家，什么叫民族，只要有人能给他们点微利，他们不管其用意如何，总认为是好的，而边疆官吏，对夷民老是一味收[搜]括，使夷民向外的趋向更甚。这实在是个很大的危机，我不愿使我们夷族脱离祖国，我不忍让我无知的民众做帝国主义者的奴隶，我不能让祖国失却屏障，所以老远地奔到这儿来，请中央援助。㉟

在一次演讲中，根据与汉人接触的深浅以及采行汉人生活方式的程度，她将西南"夷苗"分为全开化、半开化、未开化三种，最后者茹毛饮血，过的全是原始人的生活。高玉柱的愿景，显然是整个西南"夷苗"能臻于全开化，"生活情形，和汉人完全相同"，以捍卫边疆：

> ……倘能以相当资力，去开发开发，那么要解决整个中国的经济拮据问题，也绰乎有余。……夷苗地区，是邻近英法等国的殖民地的。近年来，帝国主义者步步进占，已经使我国丧失掉班洪、班斧、片马、江心坡等大好国土啦。倘然再不奋起，图谋挽救，那么危机四伏，随时有做东北第二的可能。[96]

高玉柱的演讲在众多听众中引发同情与共鸣，光华大学校长张寿镛听了她在电台的演讲后表示，"足见那二千万夷族，都是中华民族"，"她的此行，似甚平常，然而她此行的意义，实在关系国家民族前途，非常伟大，足以愧死汉奸，而消灭汉奸"。上海各界"对高女士关怀国家、并锐意谋夷苗生活之改进"极为敬佩,认为她是"边境不可多得之领袖",赠送了她大量物品。[57]

上海在政治上不可能给"夷族"一个明确的承诺与承认,但在打造声势与掀动舆论方面,上海较首都南京有过之而无不及。喻杰才对媒体称他们在上海的目标之一是"促进国内同胞对苗夷民族深切之注意"[58],他们显然已经获得了成功。

5. 西南边疆协进会

1937 年 2 月 15 日,国民党第五届三中全会在南京举行。高、喻二人推迟了在暨南大学的演讲,匆匆离沪进京[59],通过会议代表、湖南省主席何键等代上呈文,向全会请愿,内容包括"夷苗"地区的宣化调查办法、教育办法、治理办法、开发办法,并请求规定国民大会"夷苗"代表选举法,使"夷苗"民族能产生正式代表,享有参与国家政治的机会,实现平等的原则等。通过他们回沪后对记者的描述，可以推知中央政府仍然婉拒各项诉求，但用实际行动表达了对"夷苗"的关注。国民党中央宣传部决定派员前往"夷苗"地区调查，同行的有国际摄影社，拟将边区"夷苗"景象摄影介绍于各地，中央宣传部调查团同时还携带教育影片若干，其他如蒙藏委员会等机关，亦表示随后会派人入滇黔沿边视察。[100]

令人意外的是，高、喻二人在上海并未过多宣传西南夷族文化促进会，而是决定在上海另起炉灶，新设机构，促进"苗夷"文化发展，发行刊物，并在各边地省份分设机关。[101]这一决策可谓得失兼备。其得者，通过新机构的创设过程及成立仪式，可以营造更大的声势。为此，高玉柱采取了一种极其开放的策略。如果说，过去的西南夷族文化促进会基本局限于"夷人"范围，那么新机构则面向所有人，借着已在京、沪两地造就的声势，高氏得到了立法院院长孙科，国民党中央执行委员方觉慧与赖琏，闽浙监察使丁超五以及上海名流杜月笙、简又文、陆丹林等 200 余人的赞助。她又邀请各界友人共同商议、发起、建立组织，新组织的筹备委员除高、喻二人外，还包括诸多社会名流，如：曾任中国佛教会会长与上海商会主席的著名书画家王一亭；国民党中央委员，《晨报》社长，历任上海市农工商局局长、社会局局长、教育局局长的潘公展；两江女子体育专科学校创建人陆礼华；"交际博士"黄警顽；曾任上海银行公会秘书长、上海总商会主席委员、全国商会联合会主席委员及国民政府财政部次长等职的林康侯；等等。[102] 声势之大，非同凡响。

其失者，新机构最终命名为"西南边疆协进会"，"夷苗"色彩被淡化了，只是在"组织缘起"中，提到了"夷族""夷苗"对于西南国防的重要意义，这或许与并不想给予"夷族"明确政治承认的中央意旨有关。同时，参与者绝大多数为汉人名流，他们根本上关心的是边疆问题，虽然"夷苗"是其中的关键，但是否要突出其色彩于他们而言并无切身感受。[103] 此外，高氏虽在西南边疆协进会的 40 余名发起人中名列第一，但召集人却是国民党上海市党部代表毛云[104]，显示出这一机构的某种官方主导性。纵观整个民国时期的"夷族"运动，频繁设立各种组织，却始终未能众志成城、持之以恒地将一个组织做实并做大做强，这既源于官方的压制性态度，也凸显出运动的涣散性以及策略性欠缺。

四、龙云

高玉柱在京、沪的活动，营造出了"夷族"的声势，也极大地提升了自己的个人威望，当湘西苗民因屯租问题"酝酿甚烈"之际，湖南省主席何键、省党部特派员赖琏一再电促高氏赴湘宣慰苗民[105]，而云南省主席龙云也对高氏为"夷苗"问题不辞辛劳之举表示感谢[106]。不过，跟着这些标志着高氏声望的事件到来的，是一次严重的信任危机。1937 年 7 月初，就在高氏准备赴湘之际，云南丽江木里土司驻滇代表李宗伯、芒市安抚使司方克光、遮放土司多英培、展廷土司刀思鸿陛、南甸土司龚绶、陇川土司多永清、德钦土司吉福、德钦千总和荣光、中甸千总刘恩等联合发电至中央，否认高氏的代表性，他们声称：

> 闻京沪各报暨本省各日报登载有高玉柱女士，自称西南夷族总代表，向各机关请愿，各团体接洽，四出奔走，阅之不胜骇异。查高玉柱虽系云南民族之一，但彼在京沪纯系自由行动，并无任何团体举为代表之事实。倘有推举代表之必要，亦应先事呈准本省政府及党部备案，方为有效。用特电呈，以后对高玉柱一切行动，云南各土司民众，全不负责，伏维垂察。[107]

这些土司们背后的主谋是谁？有学者称这次联名发电是龙云在暗中指使，其目的乃在于提防中央借"夷族"问题介入云南事务。[108]我并未见到与此判断相应的直接史料，但考虑到龙云与玉柱的私人恩怨，明里褒扬、暗中捅刀的可能性确实存在，众土司电文中的"倘有推举代表之必要，亦应先事呈准本省政府及党部备案，方为有效"一句，也暗示着云南官方的背景。

龙云本人系古侯系"黑夷"，原名纳吉呷呷，乳名乌萨，出生于今四川省凉山彝族自治州金阳县的则祖拉打。金阳以在金沙江之北而得名，乌萨家就在据金沙江十余千米的山间台地中，到他时已在此定居七代。他的舅舅家在云南昭通，据说祖上曾当过四川汉源清溪土司。幼时的乌萨在昭通随舅父读书习武，跟了舅舅家的汉姓，取名龙云。十二三岁时，龙云回到金阳老家，随父经管家产。1907 年，23 岁的他离开家乡，投奔了驻防滇东北的清军，后又组织"同志军"反清，活跃于绥江、筠连等川滇边境，辛亥革命后进入云南讲武堂学习。他生平最得意之事，是在昆明的擂台上击败了英国武士，名不见经传的他，就在那一瞬间成了万众欢呼的英雄。时为1915年，他刚从讲武堂毕业，任职昭通独立营中尉排长。近40年后，在北京家中，他还对乡人讲述此事，并做比画，七十高龄犹纵跳如猿，观者叹服不已。这一战引起了云南巡按使唐继尧的注意，奠定了龙云的成功之路。1928年，在川、滇众多"夷族"头人的支持下，他打败了滇省胡若愚部、张汝骥部，出任云南省政府主席，时年44岁。[109]

1947年，岭光电到南京，特地拜访龙云，说他"戴一副墨镜，个子没我高，是一个高鼻梁、皮肤黑的人，一望而知是个夷人。说话爱提高嗓子"。此时的龙云，已被蒋介石授予四星上将虚衔，实则处于软禁之中。尽管是初次见面，但龙云极为亲切热情，二人畅叙达两小时之久。其间，他多次提及"我们夷人"。当他从岭氏口中知悉凉山土司"黑夷"的情况时，叹息道，"民族落后、内部相残、外受欺压"，似后悔在云南手握大权时没为凉山做点工作。他很真诚地对岭氏的发展提出建议，并特别欣赏岭氏所热心的民族教育事业，感叹说："我们民族就是因为没有文化知识，事事不如人。要想赶上别人，非重视文化教育不可。"他又提及，自己主政云南时，想送枪弹给宁属的邓秀廷，后没有送成。岭氏告知邓是专杀"夷人"的魔头时，他大吃一惊，忙问："他不是夷族吗？"得到否定的答案后，他感叹："啊，我原以为他是夷族，几乎误事！"岭离开南京之际，再次前往拜访，龙留他在家吃便饭，同桌的有其夫人及几位子女。⑩

　　龙对岭的亲切，源于他自然而深厚的"夷族"意识，他年轻时就走过不少"夷区"，知道自己的同族分布在川、滇、黔等省，并对他们怀有一种情感。李仕安先生告诉我，龙云年轻时去过雷波县，拜访了其父亲与三叔，其三叔是武秀才，能骑善射，与龙云甚为相得。1948年，李先生参与的"凉山夷族观光团"到南京，特地去看龙云，坐了约半小时，吃了茶点就走了。第二天，李先生又独自登门拜访，正是五月天气，龙云穿着一件中式汗褂就接见了他，谈到李先生的三叔，他说："哟，你三爸，我们天天骑马，他那时是一二十岁。"李先生又说："龙云绝不会说他是汉人，他跟卢汉、陇体要等夷人都很亲。"

不过，龙云虽然大权在握，但身处政坛，不但要顾忌主流意识形态，更要提防张扬族类身份可能带来的统治危机。当年群雄逐鹿云南，他的对手曾以"吃鸡不吃蛋，杀彝不杀汉"的口号来打击他。[11]当他在一众"夷人"将领支持下一统云南之后，又被讥为部落蛮王，搞土司政治，弄得不少云南的"夷人"学生，不敢公开自己的族类身份。[12]面对如此形势，龙云将深植于心的"夷族"情怀刻意淡化，与其他"夷人"上层之间，意会于心，但绝不形之于外。曾任国民革命军陆军中将的云南昭通彝族人安恩溥回忆了当时云南政坛的情况：

　　具体点说在乡虽不认识，出来以后，无论见过面与否，只要知道某人是彝族，就自动地背下互相支持。如安恩溥、陇体要等，在家乡时与龙云、卢汉互不相识。安恩溥、陇体要等到省以后，龙云、卢汉对之都有指导照顾。安恩溥考进讲武堂时，龙云在唐继尧部任茨飞军大队长，主张免去实兵指挥的考试，安恩溥带兵指挥能力太差，若考试肯定失败，但安恩溥并没有请托过龙云。安恩溥等也随时随地为龙云、卢汉隐恶扬善，作辩护宣传工作，成了未受委托的得力宣传员。这也可以说有意识的形成了初期的彝族宗派集团。

　　到龙云统治云南后，各有统治地位，有职位关系，也不敢公开地有什么集团组织，互相支援、援引；都是各以意会投机取巧地进行，彝族关系的作用，还讳莫如深。在这当中又有一个共同的思想，羡慕回族有礼拜寺，苗族近年也有礼拜堂，能公开集会，就是他们有伊斯兰教，耶稣教为凭藉，彝族就是无所凭藉，不能组织集会，这种思想，有机会时也分别的谈论着，龙云和安恩溥等就谈论过。

这是1961年的回忆，当时民族识别工作已大致完成，所以安恩溥用的是"彝族"而非"夷族"。在同一篇文章中，他还提到，1927年，在龙云身边的陆亚夫、卢永祥、禄国藩、余祥炘、卢玉书等人，探讨了"夷族"的族称及其历史与文明，力图为"夷族"建构一个可以产生凝聚力的内核：

彝族是庄跷以前来自楚国的竹王之裔。相传楚国有女浴于沅水，见一竹筒浮于水上，有五音之声，泅携上岸，剖而视之，系一男孩，遂立志终身不嫁，抚养此孩。到了成人，力大无穷，率众略得苗人先据有之黔地(贵州)，进而占领滇地(云南)，称竹王，臣服于周。其后代与中原信使往还，至汉不绝。相传班固、班昭、班超等，皆竹王裔又回中原之后人。今滇东北苗人尚有暗语称彝人为老汉人，意即后来侵略我们的是汉人，先来侵略我们的是彝人。

彝人自称为"溜叟"。后来一般人和汉人称彝人为爨人，系以彝人习用鼎炊为食，象征的称呼。到了晋朝封爨人之首为爨王。夷人之称，系历代王朝歧视的称谓。但后来彝人之懂汉字者强为解释，大人背弓为夷，是尚武，于是也就安于夷人自称。相传彝文是与仓颉同时之佉卢所造。仓颉造字直书右行，流行于黄河流域。佉卢造字直书左行，流传于长江流域。单字很多，比汉文难学，但以司祭祀的比穆、巫师等为世袭专业者必学。统治阶级之黑彝尚学。所以到满清道光、咸、同时，业祭祀、业巫师之彝人，都凭彝书（佉卢扎数）等书为彝族服务。黑彝中之上层，也尚有通达彝书的。彝书多系抄录本（曾见于"卢舍""行苴"两家），后来还在石林旁的一老人处见，未见印刷本。书分三类：1. 历史；2. 礼仪；3. 超荐、祭鬼。清末时，后一类时有所见，前二类为稀有难见了。

历数"建子"，阴历十月初一过年，每年节日，多同于周政。婚丧冠祭，近于周俗。婚嫁纳采、纳聘、亲迎的仪式，多似《仪礼》所载。人死点主，彝语"匹乃"用竹片书主装入小竹筒（意即竹王由竹筒中来，竹王之裔死后应归回竹筒中去），用绵羊毛塞口角装入内有包茅的小竹篓，同代的由左至右依次装为一篓，供于房后祠内台板上。台板分两台，每台供五代，第一代居中，下四代左昭右穆的安放，下台五代届满时，举行大祭，名为"补待"。大祭用牲，依阶级，"苴穆"（管理者之首）用"吕那"（全黑的牛）；"叟苴"（管理者，次于苴穆）用"吕那来补邹"（花头黑牛）；一般用羊，头数有差等，起码两只。大祭后，将第一台前五代之竹篓送置于深山大箐人迹不到之悬崖绝壁上，将下一台后五代升为上一台，下一台又安放新五代。……

经过这场讨论，大家达成共识：第一，本族有自己的悠久历史和文化，不能妄自菲薄，不必外求；第二，竹王是彝族的始祖，佽卢是彝族的先师，崇始祖、尊先师是彝族的传统。据此，他们决定组织"竹王会""佽卢学会"，找能识本族文字与典籍的人来研究佽卢文学。大家一边寻找教师，一边介绍会员，轮流在陆亚夫、安恩溥家聚会，打算等组织相当成熟后，再告诉龙云。工作正在进行中时，风闻龙云的师长张凤春反对此事并抱怨龙云，活动就中止了。后来贵州"夷人"安观清、安伯英、安克庚、杨伯瑶、杨砥中等受到省主席周西成的压迫，逃到昆明，又激活了这个组织，范围还扩大到有傣族人李呈祥、刀有良参加。而原来的创始人卢玉书等反而冷淡了。后来杨砥中联合岭光电以及贵州苗族人梁聚五，将此组织改称"苗夷民族促进会"，以帮助竞选国大代表，安恩溥认为杨砥中狂妄冒失，担心弄出事来，也拒绝参加了。[113]

这些身处政界的"夷族"精英，夹在本族意识与国家意识形态、现实利益之间，彷徨摇摆，其身份意识隐而不彰。龙云也因之无法成为"夷族"运动的领袖。不过，他对高玉柱的杯葛，绝不是出于对争取"夷族"政治承认的拒绝，而是出于对主其事者的反感以及未经自己允准的恼怒。又有传闻说，龙云曾咨文湘省主席何键，称高玉柱"假名撞骗"[114]，以此离间她与何键之关系，不知真假。

永胜的父老们相传，当年龙云知道高玉柱秀外慧中，才、貌俱佳，想聘为儿媳，又担心事不成有损颜面。于是他托言永胜有匪，亲率一营人马前往进剿，见了玉柱，甚为满意。他的大公子龙绳武也去了，但玉柱却嫌其粗俗。一日，二人游览观音箐，玉柱突然口出上联："观音箐，庆观音，观山观水观世音。"龙公子张口结舌，无法作对，玉柱等待良久，见其不知所措，随口吟出："龙王庙，妙龙王，龙子龙孙龙父王。"绳武自惭形秽，不久就率兵回昆明去了。

五、高玉柱（二）

1. 奉命回南

云南土司的异议，对春风得意、正入佳境的高玉柱造成了极大伤害。她很快回应称，自己赴南京确有广泛代表性，有沿边 21 位土司的签名盖章为证，唯因西南地域广阔，土司散居各处，情形复杂，不可能做到所有土司一一签名，而李宗伯乃木里土司，本属四川管辖，何以不驻成都而驻昆明，以此质疑其代表云南发声的合法性，并暗示其中可能潜藏的阴谋。高玉柱又称自己早已将赴南京请愿的情形分别具呈滇、川、黔、康、湘诸省党部鉴核，"并蒙贵州、湖南、四川诸省府指令覆饬核准在案"，说明自己并未抛开地方政府而行动。[115]最后，玉柱表态，请中央收回成命，"以重功令"。中央最终没有因异议而改变决定，仍然要高氏等"赶速回南"开展"夷苗宣化调查"各事。[116]按高氏所呈，西南各省党部中，云南未有回复核准，由此可窥知她与云南官方的紧张关系。

高玉柱面临合法性风波之际，七七事变爆发，国家危亡迫在眉睫，她所掀起的"夷族"旋风也很快在危机中平息消歇。1937年10月，惨烈的淞沪会战正处于白热化状态，她冒险离开战区，与喻杰才凄凄就道，前往西南。所有中央发给的宣传品及各界赠送之礼物乃至各种公私行李，在连天战火中均无法运送，只能放弃。二人

新女性、"夷族"先觉、西南沿边"夷民"领袖之一高玉柱女士，系曾受现代高等教育之女土司，为开化"夷民"（《中华（上海）》，1937年第51期第61页）

先受湖南省主席何键之邀前往湘西"苗区"，"夷人"的身份对苗族首领显然有一种亲切感与亲和力，何键因此邀请他们入湘，帮助排解一场箭在弦上的苗民动乱，结束后又派车送他们西去贵州，道经沅陵、新晃时，均有苗族代表前来晤谈，陈述所受苦难，并希望他们能深入湘西腹地宣化调查。这显示出，在京、沪的活动极大地提高了玉柱在西南非汉人群中的声望。

进入黔境，坐上贵州省政府派来的车，前往贵阳，高玉柱和喻杰才的声望沿着旅途而展现。"各处夷苗领袖与青年学生"在贵阳热烈欢迎他们，学生们大都是"各地最优秀之觉悟分子"，怀抱着深切的国家民族观念。征询各方意见后，依据地方情形，玉柱拟具在黔工作计划，分别呈请贵州省党部、政府鉴核，请求补助必要经费并请派员指导，黔省方面以正值省政府主席新旧交替，新主席尚未莅任为由，予以搁置。

在贵州，高、喻二人将工作区域划分为滇川康边区与滇川黔边区，前者包括滇西北、川南与西康南部，沿金沙江而下，大、小凉山之间为"纯夷族区域"，由高玉柱负责，深入腹地工作，并相机联络西南沿边各地；后者即滇川黔边境，"汉夷苗杂处"，情形异常复杂，由喻氏负责联络当地"夷苗"青年。二人分头行动，并将中央颁发的"西南夷苗调查表册"印送各处，促使工作范围"推广及于湘西桂边夷苗地带"。[⑰]

多年后，一些回忆揭示了当年高、喻二人工作的若干片段。1936年前后，中共贵州地下党已非常注重在少数民族中发展力量，并于1938年成立了"苗夷委员会"。委员会的核心成员之一、贵阳北衙寨的苗民唐植民回忆，1937年（疑为1938年之误）他见到了来黔的高玉柱，一共260余名少数民族，在贵阳甲秀楼对面的西湖饭店聚会，讨论少数民族所受的苦难以及抗日救亡等问题，唐植民声称自己当时还为大家介绍了苏联的情况，认为中国只能走十月革命的道路。[⑱]这一次会面，或许就是高玉柱向中央汇报的"各处夷苗领袖与青年学生"在贵阳热烈欢迎他们的事件。不过，没有任何证据显示，高玉柱有与中共联系的倾向，终其一生，她走的都是紧跟国民党中央的路线。

这一路线，既是主动选择，也是不得已之举。不过，在中央缺乏足够权威与凝聚力的中华民国，自上而下的策略也意味着麻烦的不可避免。地方政府对他们宣传、调查、组织"夷苗"的行为疑忌重重。高、喻二人深知，西南非汉人群必须向政府彰显在抗战救国中的实力与潜力，才能提升自身的地位。1938 年 2 月，二人呈文中央，声称西南边区"夷苗"抗战情殷，现有"人枪十万余"，自愿参战者有三万余人，请派员组织、训练。这一招棋，亦虚亦实：数字不大可能基于翔实调查，但以西南非汉人群之众以及当时武力自保之风，十万条枪之说也不能简单视为信口雌黄；二人当做过一些小范围的初步动员，但三万人请战云云，未必已落到实处，不过，政府若真大力组织，似亦不无可能。这一呈文虚虚实实，说真亦可，说假亦可，端赖地方政府如何配合。[119]

中央接到呈文后，深表赞许。不过，各相关部院在表达肯定之余，无从直接入手该计划，还得要地方先行查核。此时，高、喻尚未意识到，一场危机已迫在眉睫。1938 年 6 月，喻杰才联合阿弼鲁德等 40 多位黔省"夷苗"精英，向贵州省党部呈请设立"贵州边疆民族文化协会"。省党部一面虚与委蛇地表示"发起组织民族文化协会，促进夷苗文化，激发其爱国情绪，共同努力救亡工作，意义至善，殊堪嘉许"，一面又称"此种组织，事属创举，尚须呈请中央核示"，将皮球踢给了国民党中央社会部。[120]就在同一时期，贵州方面获悉高、喻建议中央组织"夷苗"武装抗战的呈文，于是立即致电国民政府军事委员会委员长重庆行营，称人枪十万余、三万人请战云云纯属捏造，指控喻杰才等"假名招摇"，并以"擅假名义、敛赐惑众"之名，令保安处将喻杰才"看管研讯"。所谓"擅假名义"者,当系指他们打着西南"夷苗"土司民众代表的招牌并声称奉中央之命开展工作;所谓"敛赐惑众"者,应指他们动员、组织非汉人群并筹措物资与经费。中央方面似乎也觉得事情棘手,1938 年 6 月 20 日,当中央社会部接到喻杰才请求设立贵州边疆民族文化协会的报告后,次日即表示喻杰才等人数年来的工作毫无成绩,"并经指控假名招摇有案",其时想发起新的组织,应由"当地党部妥慎"办理,将皮球又踢了回去。

山重水复、举步维艰之际,二人急于向中央复命并汇报工作,同时,也想在抗战局势中寻觅提高"夷苗"地位的新机会。[122] 于是,草草结束在西南的活动后,他们前往陪都重庆。一年前曾热情拥抱他们的中央与主流舆论,这次会继续笑脸相迎吗?

抗战方殷,时局动荡,值此家国危急之秋,在这些年轻"夷苗"领袖的眼前,似乎浮现出又一个各种条件因缘聚合、"夷苗"问题或可更上层楼的局势：中央政府播迁重庆，西南一隅关系着国家存亡，在数千年历史上，"夷苗"第一次与中央近在咫尺，"夷苗"地区对国家的意义前所未有。怀抱着共同理想的许多"夷苗"精英，不断涌向重庆，在此时的重庆，西南少数民族群英荟萃，极一时之盛。重庆小梁子新川饭店401号成为他们的大本营，也是他们的临时通讯处。

2. 再次请愿

1938年，刚刚到达重庆的"夷苗"精英们，满怀着希望，制订了一系列行动计划。自9月22日起至11月14日止，在不到两个月的时间内，他们或联合，或分头，迭次向国民党总裁蒋介石、国民党副总裁汪精卫、国民政府主席林森、中央军事委员会、中央执行委员会、中央党部、中央宣传部、行政院、内政部、蒙藏委员会等请愿，先后署名的"夷苗"精英计有世袭云南北胜土司、西南"夷族"沿边土司代表高玉柱，西南"夷族"请愿代表喻杰才，四川土司代表岭光电，宁属边民代表曲木藏尧，宁属"夷族"代表王济民，前贵州水西土司、滇川黔三省边区土司"夷苗"代表安庆吾，前贵州且兰土司、滇川黔三省边区土司"夷苗"代表杨砥中，前云南芒部土司陇甫臣，前贵州延昌土司安亮清，滇川黔边区苗民代表王汉瑛等，共计 100 多人，掀起了一次前所未有的请愿高潮。

请愿主要有如下几波。

第一，高玉柱、喻杰才等人呈送一年来工作报告书请中央鉴核，并就西南"夷苗"请缨抗战与开发问题请示具体方针。在报告中，他们提出：中央与地方均有设立"夷苗"专管机关之必要，或将蒙藏委员会扩大为"蒙藏夷苗委员会"，或改称边政院，各省特设"夷苗事务处"以专责成。

第二，滇川黔三省边区"夷苗"土司民众推派代表安庆吾、杨砥中等请缨抗战。

第三，川滇黔边"夷苗"土司代表安庆吾、杨砥中等呈为代表民意请缨抗战，并陈述边民痛苦，恳请改善边区政治，注重"夷苗"教化，尽量扶助开发。

第四，宁属边民代表岭光电、曲木藏尧以及土司岭邦正等数十人联合推派中央军校成都分校边民教育队队长王济民为宁属"夷族"代表向中央请愿。

第五，宁属"夷族"代表王济民呈报其被推派前来向中央请缨抗战并历陈开发边区意见。

第六，高玉柱、喻杰才、王济民、岭光电、安庆吾、杨砥中、王汉瑛暨广西、湖南"夷苗"代表等呈请，比照西藏、蒙古，设立"西南夷苗土司民众代表联合驻京办事处"。办事处设常驻代表 3～7 人、处长 1 人、副处长 1 人、秘书 1 人，下设三个科与图书室，各科设科长 1 人、办事人员若干人，图书室设主任 1 人、办事人员若干人。首期推举的常驻代表为杨砥中、王济民、安庆吾、王汉瑛。

第七，喻杰才、安庆吾、杨砥中、王济民、岭光电、王汉瑛等人吁请高玉柱代表全体"夷苗"土司，成为国民参政会参议员。[122]

七七事变后，曲木奉命到北平、天津开展敌后工作，出生入死，于次年9月脱险，抵武汉复命。人既不在重庆，可能也碍于自己的身份，他并未参与这一波请愿。[123]

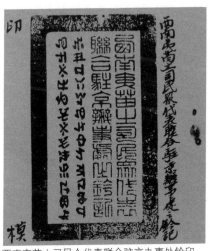

西南夷苗土司民众代表联合驻京办事处钤印

这一系列活动，明确指向"夷苗"的政治承认，在抗日救亡的特殊时期，"夷苗"真的会迎来发展的千载良机吗？事后回眸，我们看到的景象截然相反。与中央近在咫尺，却也意味着咫尺天涯，玉柱等人与自己的愿景渐行渐远。并不是年轻的"夷苗领袖"在政治上天真幼稚，而是在他们所处的位置上，实难识微见几。尘埃落定之后，我们利用后见之明，才能对当时的局势洞若观火。

日本吞并中国之策略，以军事侵略为主，思想分化为辅。对少数民族，日本致力于挑动其对国家的离心倾向，再对其加以控制，凡建立伪满政权，策动内蒙古独立，倡乱新疆种种，皆属此类。[124]中央对此风声鹤唳，贯彻同化思想的意志更为坚定，政策更为积极，稍有"民族意识"的苗头出现，则尽力扼杀之。其高潮出现于1939年8月，行政院发布训令，禁止各机关、部门"沿用苗夷蛮猺猓獞等称谓"，所有西南边地少数民族，只能以地域区分，称为"某地人"，"以期泯除界限，团结整个中华民族"。同时，出于学术研究目的而沿用传统称谓的，必须将原来的虫、兽、鸟等偏旁，改从"亻"旁（如将獞改为僮），一些根据少数民族生活习惯而加之的不良形容词，如"猪屎犵狫"等，概予废止。中央研究院据此训令而编制了《改进西南少数民族命名表》[125]。许多高官与学者，为强调中华民族的统一特质，甚至否定"少数民族"这一概念在中国的合理性。与此相应，行政院明确规定，非汉人群应统称为"边民""边胞"。[126]到1943年，以蒋介石名义出版的《中国之命运》[127]一书，干脆连"民族"一词都取消了，取而代之者为"宗族"，强调中国境内各宗族在历史上与现实中血脉相连，姻戚相通，命运与共，你中有我、我中有你，形成一个统一的中华民族。

在此背景下，尽管高玉柱等人强调"夷苗民族"一词"决不致影响民族之分化"，但中央的态度却冷若冰霜，各机关、部委中，只有中央宣传部称"事关团结民族，抗战建国，颇属重要"，其余大都托词事不关己，不肯表态。最后，行政院对请愿事项几乎悉数拒绝，其批驳理由无非是"夷苗杂居各省大山，无分畛域，与蒙藏情形不同"，"与组织条例不符"云云。而中央军事委员会亦表示这些报告与呈文"悉数空洞，无可采取"，甚至拒绝了高玉柱赴汉口叩见蒋介石的请求。稍稍有点积极意味的表态，只是由行政院命令川、滇、黔、粤、桂、湘数省政府并西康建省委员会，须对民族事务格外注意，慎重遴选边地官吏，积极融洽各族情感，各该管专员、县长要随时宣慰各族，各省呈荐边地官员时，"应特别叙明其办理夷苗事务之经历"。[128]而经济部则制定了一系列调查表格，咨请云、贵、川、湘几省及西康调查"苗夷"地带的物产、生产状况。[129]

3. 西南夷苗民族解放大同盟

中央的笑脸还恍如昨日，转眼间却已是冷若冰霜。

寒意并未冻结"夷族"精英们的行动,"西南边疆民族文化经济协进会"已在筹划之中。该会以奉行三民主义与抗战建国纲领、促进西南边疆民族生活文化发展、开发经济、贡献国家为宗旨,设总会于重庆,西南各省成立分支会,边疆各地设立办事处,其定位是一个人民团体。发起者共55人,除高玉柱、喻杰才、岭光电、杨砥中、安庆吾等人外,还有陶行知、沈钧儒、陈之宜等众多汉族贤达,国民党中央执行委员会社会部的官员胡星伯也赫然在列。胡氏乃贵州安顺人,可能对西南"夷苗"有较多同情。1938年12月,发起组织协进会的呈文送达社会部,胡星伯即签称该会属学术团体性质,要善为监视而诱导之,使其不致越出轨外,如善用其力量,于国家前途,实有裨益。国民党中央党务委员会委员李中襄同意胡的看法,但协进会名称中的"民族"二字显然刺痛了他敏感的神经,他批示:其一,将"西南边疆民族文化经济协进会"更名为"西南边疆文化经济协进会";

其二，由社会部负责人员介绍高玉柱加入国民党；其三，由社会部派人指导该组织。[130]

国民党的许多上层人士，对"夷苗"精英的行动始终怀有疑虑，1938 年 12 月 15 日，当高玉柱、喻杰才拜访冯玉祥，请求协助时，冯氏告知："事情好办，及有手续，胡来是不行的，盼二位多多酌斟之。"[131]警示的意味相当强烈。

遵循中央指示、亦步亦趋意味着一事无成，高玉柱等人绝不愿意如此循规蹈矩，一个明显逾矩的大胆举动在慢慢酝酿。1939 年春，得到国民政府军事委员会的首肯，高玉柱、喻杰才前往贵州省毕节县(今毕节市)，在珠市街和祥旅舍设立招生办事处，负责组织、保送一批"夷苗"学生到四川綦江的国民政府军事委员会战时工作干部训练团(以下简称"战干团")学习，毕业后参加抗日救亡工作。二人在贵州录取了 100 多人，大定县人金国光名列其中。大家翻山越岭，步行十余日，抵达綦江县受训。原本学制为两年，但战争期间的人员伤亡太大，训练时间缩短为一年。这些学生，成为玉柱等人发起新运动的重要基础。为此，他们积极活动，争取这些学生毕业后都统一回黔工作，避免被分配到其他战区。1940年，高玉柱、喻杰才、杨砥中、阿弼鲁德等人发起组织"西南夷苗民族解放大同盟"，当年秋天，高、喻二人再次来到毕节，在县城召开了一个边疆同胞会议，要金国光通知原战干团分散在贵州的"夷苗"同学和其他"夷苗"知识分子参加，人数越多越好。最后到会的战干团同学有30多人。会议提出了四大方案：政治建设方面，要求民族平等，设立专管"夷苗"民族事务的组织机构；军事建设方面，要求组建"夷苗"民族军队，参加抗日救国斗争；经济建设方面，要求开发地方资源，发展边疆经济，改善"夷苗"民族生活；文化建设方面，要求开办边疆民族教育，传播文化知识，培养地方人才。经过一周的讨论，与会者热情高涨，对四大方案深表赞同。在毕节县紫铜阁庙内,由喻杰才带领,举行了加入西南夷苗民族解放大同盟的宣誓仪式。

会议决定,大同盟的成员,要在"夷苗"民众中大力宣传抗日救国,宣传四大方案,发展和壮大同盟组织,还要深入滇黔边境各县,筹建自愿兵团,随时准备开赴边疆,抗日杀敌。金国光、颜光荣与罗敏忠三人组成一个小组,负责贵州方面的事务,他们印制了一大批四大方案,在水城、纳雍、织金、镇宁等县工作,发展了数百人。[132]

抗战方殷,气氛紧张,政府对擅自建立组织之事相当警惕,为达成统一意志、集中力量的目的,蒋介石甚至于1938年通令全国取消一切小组织,成立由他亲任团长的三民主义青年团。大同盟未经政府允准而行动,结局可知。1940年7月,水城土司组织"贵州苗族青年独立师"的消息被秘报给了国民政府军事委员会。[133] 1941年夏天,大同盟所组织起来的自愿兵团,被贵州省政府以"夷苗民众组织暴动"为名，下令取缔，一些领导成员遭到通缉甚至杀害。[⑭]

大同盟遭受迫害之际，玉柱与杰才已经离开贵州，安然无恙。

4. 玉殒滇边

数年来，玉柱一直希望中央委派专员，组织工作团远赴西南边疆，深入"夷苗"区域开展宣传调查，展现中央德意。在 1938 年的那一波请愿行动中，他们将这一设想上呈中央。内政部就此密呈行政院，建议此事"暂从缓议"。[⑮]1940 年 9 月，日本入侵中南半岛，法越殖民当局屈服，日军进入越南红河以北地区，迫近了云南，中国西南边地的情形更趋危急。同年 11 月 8 日，玉柱与杰才呈文蒋介石称，他们拟返回自己的原防地，一方面整率部属抗击敌人，另一方面慰问土司边民以稳定人心，激发同仇敌忾之气。这些行动需要中央授权并支持，二人就此草拟了具体的宣慰办法，呈请中央鉴核。此外，他们再次要求在土司"夷苗"中遴选国大代表，并请指定玉柱、杰才二人为第二届国民参政会参政员。[⑬]西南边疆情形日趋严重，最高当局势必不能置之不理，参政员一事虽然不了了之，但宣慰西南的梦想终于成真。大约在1941年8月，国民党中央决定组织"国民政府军事委员会委员长昆明行营边疆宣慰团"，命令高玉柱、喻杰才分任少将团长、上校副团长。二人遂于9月1日租定昆明市北后街三十六号民房成立了临时办事处。[⑬]此时，日本已加大了对泰国的渗透与控制，泰国飞机越过边境，到云南的猛醒、猛捧一带侦察，西南边地的危机进一步深化。为怀柔土司边民，防止"敌泰煽动"，玉柱决定率团深入紧邻日本人势力范围的滇南边地，前往董干、麻栗坡、仁和、马关、金平、江城、镇越、猛腊、六顺、车里、佛海、南峤、五福、猛龙、澜沧、思茅、沧源等地开展工作。[⑬]一行50余人，于1942年6月底到达云南蒙自县逢春岭，对稿吾土司展开宣慰，历时4天。7月2日到达纳更，纳更土司龙健乾率领头目、里长、民镇代表、镇公所职员、纳更小学全体教师与学生以及抗日第一游击支队司令部全体官佐、第一大队一中队全体官兵等400余人，手持彩旗，在土司衙署外的大路上列队欢迎，高唱抗日救亡歌曲。7月5日晚举行欢迎大会，玉柱代表国民党中央讲话，讲毕，全体起立，热烈鼓掌。是日晚举行宴会，玉柱逐桌敬酒，殷切致谢。^⑬

离开纳更，宣慰团前往元阳县新街，一场声势更为浩大的宣传宣慰大会在此召开，出席会议的有猛龙土司白日新、永乐土司普国泰、思陀土司李呈祥、瓦渣土司钱祯祥、六村土司孙宗礼、纳更土司龙健乾、猛拉土司刀家柱、者米土司王纯安、五亩土司陶文贵、五邦土司刀玉光、宗瓦土司普国栋、马龙土司李锦廉、宗哈土司白继光等。高玉柱号召各土司团结抗日，出兵出钱，维护治安。^⑭

此番宣慰，功德圆满。9月28日，由纳更土司龙健乾领衔，普国泰等共 16 位土司致电中央，称感于高玉柱率团"冒瘴长征"，慰问边民，当率领所部，保卫边疆，拥戴政府。众土司还共同募集国币十万元捐献中央，并继续向各自所属民众募捐，还表示要派代表晋京，"向中枢致敬"，申"报国赤忱"。[14]

"烽火点将录"：《活跃在西南战场的高玉柱女将军》(《秋海棠》，1946 年第 9 期)

成功与风光，难掩背后的捉襟见肘与心力交瘁。云南省主席龙云表面上支持宣慰工作，在日军大举进攻滇西，不断轰炸昆明各地的紧张时刻，他曾派军队迎接、护送宣慰团。[⑫]但他对高氏的成见始终难以冰释，对发动"夷苗"的工作更是心存疑虑，在其暗中操纵下，昆明行营在经费方面对宣慰团设置重重障碍，一行人跋山涉水，风餐露宿，温饱不敷。前路漫漫，前途茫茫，团员们情绪低落，纷纷提出离去。面对人心动摇，高、喻二人坐卧不安，却也无可奈何，唯有尽力慰勉，要求大家同舟共济，以待柳暗花明。一些来自贵州的团员为避免挽留，索性不辞而别。[⑬]有资料说，高玉柱宣慰滇南的结果，是"让一批人顺利地做了几趟大烟生意"[⑭]，如果所述属实且高、喻卷入其中，我们也很难认定这全属自利行为，其中含有筹措经费的公心当是持平之论。

谁也意料不到，高玉柱的生命很快便终结于宣慰途中。跋山涉水于滇南暑湿之中，栉风沐雨之劳使体弱者易于受烟瘴之侵，她应该是感染了某种病菌，在缺医少药的边陲地区不幸而成为致命之疾。在纳更，她突然病倒，卧床不起，只能由副团长喻杰才率队前往新街继续工作。[145]新街在今元阳县，她后来也抱病抵达这里，展开了上文所述的大规模宣慰活动。据说，她曾在病中创作山水画《晚霞图》一幅，寄回故乡永胜，图为夕阳西下之势，观者以为不祥。不久，她就病逝了，享年36岁。[146]时为1942年9月20日凌晨1点，地点在位于中越边境的金平县。中央社于5日后发布了消息，《新华日报》次日予以转载，标题为《夷族女杰高玉柱病逝》[147]。消息传到昆明后，云南省政府命令副团长喻杰才扶柩回永胜公葬，时称"国葬"。由于时局混乱，经济困难，一副巨大的木棺停放在县城高门外箫公祠，三年后才草草安葬在壶山之下。[148]高氏殁后四年，喻杰才亦病逝于昆明陆军医院。[149]

六、杨砥中

通过数年的行动，高玉柱已成为当然的"夷苗民族"代言人，其声望无人可比。她的香消玉殒，可谓"夷族"运动的一个巨大损失。尤令人扼腕者，曲木藏尧在1940年被一个小军阀邓秀廷毒死于越西。不过，我们事后观之，玉柱也好，曲木也好，在国家既定民族原则所限定的舞台上，不管他们如何长袖善舞，所能发挥的空间都极为有限。就此而言，他们个人的生命长短，对整个局势并无决定意义。这样判断的依据还有，玉柱与曲木的西去，并不意味着"夷族"运动的绝响，西南"夷族"精英中，不乏像他们一样善于审时度势、积极而为之人，前贤既逝，后者就成了"夷族运动"的中心人物。杨砥中，就是其中一位。

1. 鸡鸣三省之地

　　杨砥中的大名，我幼时即听外公许明九先生提起过。明九先生字崇，1920 年出生于毕节县桥沟，在他那个时代，在毕节乃至川、滇、黔界邻地区，杨砥中之名可谓家喻户晓，中华人民共和国成立后的一些革命材料称其为"（川滇黔）三边一霸"。[150] 砥中出生于 1911 年，按今天的民族划分，他属于彝族。其父杨怀远，号建侯，住在今贵州省大方县中箐村，而砥中的家业，则主要在毕节县林口镇。[151] 林口"一鸡啼叫，三省皆闻"，赤水河在此奔腾而过，流向长江。

　　砥中的祖先乃明代大名鼎鼎的奢氏土司（永宁宣抚使），属四川布政司管辖。天启年间，奢氏与更为著名的贵州水西土司安氏联手反明，此即震动朝野的"奢安之乱"。反叛终告失败，奢氏领地被改土归流。然而改流无法彻底颠覆旧秩序，原在土司政权中拥有权势的土目阶层仍然存在，他们在很大程度上依旧享有地方社会的实际控制权。[152]奢氏的一些后裔，相继改名为余、杨、禄等汉姓，分居在赤水河两岸。杨砥中的祖上，牢牢控制着毕节县林口、大定县（1958年改名为大方县）中箐等处的大片土地，土司之名虽已不存，但他们仍然是令人敬畏的土目。在毕节县，土目们拥有的土地，被称为"夷屯"，其余土地则被称为"军屯"——这显然缘于毕节县的前身系卫所。2018年10月3日，我在细雨蒙蒙的林口登高四望，顺着老人们手指的方向，直看到座座山峰相接之处，我被告知，这些都曾经是"夷屯"。"夷屯也是要交皇粮的，我们替他们背到燕子口等地方去交，官家（即土目）会赏我们一顿饭。"老人们说。砥中这一代与时俱进，不再满足于只做雄踞乡里的"夷屯"主人，而凭借出色的活动能力振兴了祖上的荣光。

砥中行七，现在林口那些八九十岁的老人家还记得，当时砥中不过而立之年，但他们都叫他"杨七爷"，叫他的太太"杨七奶"，这样的称呼显然是缘于其地位。私下里，他们也叫他"杨七麻子"。砥中的大哥名伯瑶，是黄埔军校一期学生，参加过讨伐陈炯明的东征以及北伐战争，迎接过长征到贵州的红军并收留红军伤员，1949年又协助中国人民解放军进军贵州，被毛泽东亲自任命为贵州省人民政府委员，并当选为全国人大代表。砥中的二哥名仲瑶，曾出资在家乡的沔渔河上修建三孔石桥——加嘎桥，桥至今尚存且可通汽车，又在桥附近修了一座宏伟的新庄亭，亭子的石基高达3.7米。林口的父老回忆，杨伯瑶为人和蔼，没有架子，砥中则要威严一些了。不过，老人们说，即便1949年后杨砥中留在林口，也不大可能被针对，因为他对人还是挺不错的。林口有的小地主被处死，有的大地主反而没这么惨，这都缘于平时为人好坏的差别。[13]

2007年11月，在雅安，李仕安先生告诉我，1947年，他在重庆，想竞选立法委员，《新华时报》社长谈荣章之妻薛树华建议他搞一场记者招待会，并说可以把重庆各大报社都叫来。李先生从未应付过这种场合，有点发怵。刚好他新认识了杨砥中，二人虽然还不熟，但杨一口应承说，"算我的"，帮助李先生在国际饭店成功举办了记者会，并承担了所有费用。"这种场面杨砥中是搞惯了的，我还不行。"那时砥中在重庆开了家和丰银行[154]，他用车接李先生去他位于重庆南温泉的家，住得相当豪华。1948年，国大召开，西康"夷族"组团去南京观光国大，由杨砥中当交际，李先生说："本来是想让我做交际，但我推给了杨砥中，他在南京住得久，各部门他都熟，办个手续、做个什么都好打招呼。"

李先生说得没错。砥中虽然其貌不扬，但社会活动能力超乎寻常！这是一位非常自信的人，继承了祖上的大片土地而能继续开拓，在商界展示着出色的经营才华，积极接近政界权贵又能鼓动下层民众，对本民族文字、本民族经典、汉文史籍以及西南民族史有相当程度的了解乃至研究，中央军校的学习又使他可以跟上现代教育的步伐。他精力充沛，活力四射，个性极为鲜明，优缺点一体两面：为人慷慨豪迈而又高调张扬，胆大勇敢而又常冒失逾矩，多谋而又流于狡黠，能从容于任何大场面而又好出风头。国民政府文官处对他的评价是：

> 聪明健壮(有麻子)，诡觉机警，善言辩(好夸谈)，有胆识(近似流氓)。先世为西南大土司，有名望，家产素丰，可资运用，自幼即在汉人地区生活，对于中央地方各种情弊好尚相当了解，故常联络土民在地方滋事，自己从中乘机取巧，曾在禄国藩部下任过军官，与云南军方面稍有联系(同属苗夷)，为土著中之狡黠份子。[155]

2. 在贵州

高玉柱在京、沪一带指点
江山之际，砥中正担任着贵州
大定五属(毕节县、大定县、水
城县、威宁县、黔西县)农会的
指导员[156]，风起云涌的"夷族"
运动震动着他，引出了他人生
的又一个奋斗方向。

1938年赴渝请愿时，杨砥

北肇山庄(彝族土司庄
园)主人、中华民国第
一届国民代表大会代
表、爱国民主人士杨砥中

中已决定以重庆作为自己事业的所在地，众人也已推举
他为西南夷苗土司民众代表联合驻京办事处的四名常驻
代表之一，但请愿行动失败，使他暂时看不到留在重庆
的价值与意义。此后，他一面与高玉柱等人在渝组织成
立西南边疆民族文化经济协进会，一面将活动的重心转
移到了贵州。在黔省，除与玉柱等人发起明显逾矩的西

南夷苗民族解放大同盟外，他又于 1939 年向贵州省政府呈请组织贵州边区文化经济协进会。他强调，"夷苗人口数千万，地面绵亘数千里"，但"数千年来未经开发，遂至交通梗阻，感情隔膜，边区文化既极形低落，边氓生活尤倍感痛苦"，加以语言不同、习俗各异以及民族歧视，外国人乘机窥伺边地，这样"不特减少完整之国力，亦即当前亟须解决之一问题"。值此抗战建国之非常时期，"西南边区夷苗同胞对于国家民族实应贡献人力财力以尽其应尽之责任"，希望能够联络社会上的先进人士与"夷苗"中的优秀分子，"在钧部领导之下精诚团结共赴国难"。[150]

尽管政府并未核准成立西南夷苗土司民众代表联合驻京办事处，但自 1938 年请愿之后，砥中即以"西南土司夷苗民众驻京代表"自居，1940 年 10 月，他再次向内政部呈文，要求为西南夷苗土司民众代表联合驻京办事处备案，并称过去曾向各机关具文备案，但各重要公文在天池八十三号被炸毁。民政部民政司批称，所谓曾向中央备案云云，毫无根据，"迹近招摇"。⑱

此后数年，在当时的文献中我很少发现他参与社会活动的记载，一些文史资料弥补了这一空白。有回忆说，当共产党领导的游击队在川滇黔边区活动时，蒋介石于 1940 年 10 月在重庆召见杨砥中，亲赐他"忠孝传家运，华国可长春"的字匾，封他为川滇黔边区的"土司民众代表""剿匪司令"，并发给他一些武器，让他全权负责川滇黔边区的剿匪任务。自重庆返乡后，各处土司和周边头目都争着拜见他，他四处游说，招兵买马，仅一两个月，就组织起武装七八百人。1940 年 11 月，游击队突袭林口，双方在箱子口一带交火，最后讲和收兵。⑲

蒋介石接见杨砥中的时间当为 1940 年 9 月下旬而非10 月⑳，但蒋绝不可能封他为"土司民众代表"。事实上，所有"夷苗"代表都是自称，无一是官方正式赐封。

请愿或晋见时，向高层表示自己是受土司与民众推举的代表以证明合法性，而只要中央方面没有公开质疑，返乡时，则称得到中央的认可以自重，这种策略，砥中并不陌生。与众不同的是，他有将此玩到极致的野心、财力与能力。1945年，他建立起"西南边疆土司民众驻京代表驻渝办事处"的系统，总部在重庆，下设云南、贵州、西康、四川、湘西、桂西、粤西、思普区、滇南区、滇东区、滇西区、黔西区、黔东区、黔南区、会理区、雅安区、川南区共17个通讯处。声势如此浩大，从云南、贵州到中央都坐不住了，一致认定其为非法组织，并将位于重庆民权路的驻渝办事处封闭，贵州省政府还称他与"著匪"唐逊虞秘密来往。⑯不过，砥中并未彻底放弃，1947年，李仕安先生在重庆初识砥中，只见他的汽车上醒目地贴着"西南夷族土司边疆民众驻京总代表"。

乡居林口的杨砥中，行迹遍于川滇黔三省边区。

1941 年，在云南昭通县，经由妻弟——昭通彝族知名人士陇体芳的介绍，他认识了明诚中学教导主任朱焕章。当时朱正致力于在贵州威宁县苗族聚居地石门坎办一所初级中学，苦于资金匮乏，砥中当即表示支持。当年 6 月，他亲抵石门坎考察，参加了石门坎教会和学校举办的端午节运动会，目睹了运动会的盛况以及当地百姓求学的热情。回昭通后，他便出面组织贵州、云南的一些彝人上层成立筹办中学的董事会，亲任董事会会长，并定下章程，董事会、教会各承担办学经费的三分之一，另外三分之一由学费收入和苗族群众的募捐填补。1943 年 9 月，学校正式开学，首届招生 86 名，杨砥中亲临开学典礼，郑重宣布"西南边疆私立石门坎初级中学"成立。此后他不定期巡视学校，给予经费资助。学生逐渐发展到 200 多名，来自云贵二省的彝良、大关、镇雄、盐津、永善、威宁、赫章、织金、普定、安顺、紫云、水城、禄劝、楚雄等十多个县区。

1945 年 8 月，抗战胜利，杨砥中的活动重心再次转移至重庆。他一走，学校立即面临经费困难，勉强支撑、艰难度日。[162]

大概就在乡居期间，砥中修建了名闻一方的北肇山庄。30 来岁时，砥中娶了云南昭通梭嘎地方著名的彝族陇家的女儿陇体智，婚礼在林口举行。婚后，他就将家搬到了都里嘎——位于今天的林口坪坝村。砥中拥有都里嘎的大片土地，当时土匪横行，租种杨家土地的七户村民就在一座易守难攻的山岗顶上修了一处碉楼以躲避匪祸，砥中来了后，将碉楼借用，并在碉楼的周边修起了几排建筑，包括兵房、仓库、客房、炮楼等，使之成为一处著名的庄园。庄园有朝门三道，大朝门上横幅阴刻楷书"北肇山庄"。1962 年，庄园被摧毁，但孩子们还经常跑到遗址那里玩，并称这座小山岗为"碉包包"，常常呼朋唤友说"去碉上玩"。随着岁月的流逝，碉包包不管对大人还是对孩子都失去了吸引力。2018 年 10 月 3

日，几位当地父老带着我踏勘此地，当时秋寒初至，天空飘着蒙蒙细雨，我们无路可上，只有挥舞着镰刀披荆斩棘地攀爬上去。到了碉上，荒草丛杂，野花盛开，几处石材掩映在碧草之中，触目四望，环绕着山岗的是一些不太宽敞的平野，再远处就是绵延的群山。站在岗上可以俯视西面的一块平地，据说那是砥中的练兵场，再过去就到云南了。[163]

3. "制宪"国大

乡居期间，杨砥中一直关注着重庆。1944 年 10 月，他与龙云的公子龙绳祖、安文石、陇应葵等几位"夷族"知识分子作为主要股东，在重庆下半城望龙门创办了和丰银行，由他出任总经理一职。[164] 到重庆后，砥中积极活动，于 1945 年 1 月 22 日获得蒋介石的接见，他向蒋汇报了四年来剿匪、保送 240 余名边疆学生到军校受训、在滇缅滇越边境宣扬中央德意、调解边民械斗、创办西南边疆私立石门坎初级中学、暗助凉山土司安良臣保护美国空军人员安全出境等事，并表示：边疆工作为自己终生之职志，今后当尽最大之努力，以达成国家之期望。蒋对他慰勉有加。[165]1945 年 8 月，日本无条件投降，由杨砥中领衔，滇、黔、川、康各省的一众土司声称代表西南非汉民族，致电国民政府主席蒋中正祝捷。[166]

1946 年，国民政府召开国大，制定宪法，人称"制宪"国大。凭借自己的业绩与活动能力，杨砥中顺利当选为贵州省国大代表。国大召开期间，他口若悬河，指点江山，锋芒毕露，在为西南非汉人群争取到一些政治权利的同时，也因过于强劲的风头而葬送了自己的政治前途。

根据孙中山的建国大纲，中华民国须按照军政、训政、宪政三个阶段来完成建国。北伐功成，东北易帜，国民政府于 1929 年宣布军政时期结束，启动了为期 7 年的训政程序。孰料日本全面侵华，训政到宪政的过渡被迫中止。国民政府于 1936 年 5 月 5 日推出的《中华民国宪法草案》(俗称"五五宪草"),也因之迟迟未能召开国民大会来予以审议通过,这一耽搁就是十年之久。抗战结束,国大召开,核心议题就是审订"五五宪草"。对西南非汉人群而言,这是一个争取政治地位的绝佳时机。自曲木藏尧肇开风气,15 年来,众多"夷苗"知识分子屡败屡战,迭次折戟沉沙,此番如能在宪法中加入相关条文,即可一劳永逸地实现多年拼搏的目标。早在 1945 年年初晋见蒋介石时,砥中就表达了一个核心诉求——恳请在主席所指派的国大代表 240 名总额内,确定 20 名为西南边疆土司"夷苗"代表,内政部以国大代表向以就地竞选为原则予以拒绝。⑯同年 12 月,他又要求参加"政治协商会议",同样未获批准。不过,抗战胜利后,对日本分化的担忧已不复存在,国民政府在民族政策上有所松动,1946 年"制宪"国大即将召开之际,国民政府颁布了《国民大会代表选举补充条例》,增加了云、贵、川、康、桂、湘代表 10 名，要求在各省"土族民族"中产生[168]，砥中借此当选国大代表。到了国大就有发声机会，他跃跃欲试，决心奋力一搏。

砥中有他无法逾越的天花板。虽然民族政策已有所松动，但强调中华民族的统一性，注重融多元为一体的原则并未发生根本改变，"夷苗"作为一个民族的合法性与合理性，仍未得到主流社会的认真对待。虽然西南非汉人群在风俗、语言、习惯上的独特性显而易见，但政府并不想给予任何细分，而是将他们概称为"土著民族"[169]，显示出在理想与现实之间的一种折中。对此游戏规则，砥中唯有遵循。他的目标，是争取宪法明文规定"土著民族"在国大、立法院、监察院、国大主席团、地方权力机关等方面均能有一席之地。

1946 年提交国大审议之宪法草案（以下简称"宪草"），已在"五五宪草"的基础上有所修订，但对西南"土著民族"仍然只字未提。为此，由杨砥中领衔，联合代表 20 人提出了第 59 号提案，所持理据为：

首先，根据三民主义之民族主义，"要使家族与宗族团结，扩大至为国族"。为此，对于西南"土著民族"，必须在宪法上有明确之规定，予以实惠之平等，方不负孙中山"对于弱小民族要扶持之"之意旨。

其次，《建国大纲》第四条规定，"其三为民族。故对于国内之弱小民族，政府当扶植之，使之能自决自治"。此次之宪法，乃根据三民主义与《建国大纲》之原则而制定，所以"土著民族"要求，在宪法上将此条订成明文。

再次，宪草总纲第五条称"各民族一律平等"，又第二章第八条云"中华民国人民无男女宗教种族阶级及党派之分，在法律上一律平等"，足见此次制宪，系秉国父遗教，配合国情，力求权利与义务对等。但西南"土著民族"，交通梗阻，文化落后，生活言语习惯特殊，若无扶植优待之明文规定，必演成负担义务实多，享受权利实少，故提议在各有关条文内增补数字。

最后，查英美苏等国宪法，对于国内民族均有明确之条文。而宪草无"土著民族""宪文"，是为一大缺憾。

根据以上理由，杨砥中等人最低要求"在各省内以人口比例，配选各级之单位"，而符宪政，造福人民，以免强邻利诱，分裂挑拨。

具体修订内容如下。

宪草第26条规定，国民大会由下列人员组成：

第一，由各省区及蒙古各盟、西藏地方议会选出之立法委员；

第二，由各省议会及蒙古、西藏地方选出之监察委员；

第三，由各县及相当于县之其他地方区域选出之代表；

第四，由侨居国外国民选出之代表。

杨砥中等人要求，在第三项后增加一项，即第四项，内容为"由滇川黔康湘桂六省土著民族按人口比例配选出之代表"，原来之第四项改为第五项。

审议结果是，修正案被部分采纳，增加了一条："各民族在边疆地区选出代表，其名额以法律定之。"

宪草第65条规定，立法委员名额之分配原则如下：

第一，各省市人口未满三百万人者，每省市五人，其人口超过三百万以上者，每满一百万增加一人；

第二，蒙古各盟共八人，西藏八人；

第三，侨居国外之国民十六人；

杨砥中等人提出，第三项后须增加一项，即第四项，其文字如下："由滇川黔康湘桂六省土著民族按人口比例，分配选出之代表。"修正案被部分采纳，增加了第四条：各民族在边疆地区选出者。

宪草第96条规定，监察院名额分配原则为：

第一，每省五人；

第二，每市二人；

第三，蒙古各盟共八人，西藏八人。

杨砥中等人要求增列"省内土著民族，得按人口比例，配选参加之"，未被采纳。其他代表所提的增列"华侨团体、侨居国外之国民"名额的修订则被采纳了。

宪草第115条规定，省自治法应包括下列各款：

第一，省设省议会，省议员由省民选举之；

第二，省长民选；

第三，省政府及县政府之组织；

第四，县实行县自治，县长民选；

第五，省与县之关系；

属于省之立法权，由省议会行之。

杨砥中提出，此条之末增列"省内土著民族得按人口比例配选参加之"，未被采纳。

宪草第144条规定，国家应普及并提高一般人民之文化水准，实行教育机会均等，保障学术思想之自由，致力于科学与艺术之发展。杨砥中提出，应在"实行教育机会均等"条下，增列"边疆落后之土著民族，应予以优待机会，俾资抚植，其办法以法律定之"，未被采纳。⑰

戏剧性的一幕发生在国大主席团选举时。按规定，国民大会开会时，由出席代表互选出五十五人组织主席团，然后由主席团推定一人为主席，有关会议之行政事项亦由主席团主持。⑰在这样一种互选方式下，人数寥寥的西南"土著民族"代表当然绝无可能跻身主席团。杨砥中终于像火山一样爆发了，《湖南日报》南京特派员在现场记录下了这生动的一幕：

正要进行投票选举之际，贵州代表杨砥中突从楼上扩音器中发出狮子吼，质询主席团中为何无土著民族单位。湖南土著民族代表石启贵起来附和，并大讲一段土著民族史。朱经农此时发言，谓土著民族在组织法中并未规定另成一单位，主席团选举法已通过，不能随便增加一单位。杨砥中听了不服，立时提出反驳："组织法中亦未规定有共产党、青年党、民主同盟等单位呀！"会场空气突趋紧张，主席孙科连连摸头。此时西康土著民族代表麻顷翁亦从座位跃出，穿着喇嘛服装，右臂外露，走上发言台。一时电影师、摄影记者，一阵骚动，争取此珍贵镜头。麻氏虽说国语，但能听懂者极少，记者只听到几句："我们大慈大悲的国父……民族一律平等……如果……我们退席。"此时会场干事又从蒋主席手中取了两张纸条。一张送给张道藩代表，上面写道："道藩同志，这时你可以让了。"另一张被送上了主席台，洪兰友宣读称："奉主席谕，对于土著各民族主席团候选人问题甚表同情，惟其他候选人让出名额以补救之。"洪氏报告毕，张道藩申明，放弃候选人资格，请改由杨砥中代表递补。这一来，不仅解决了主席孙科的困难，复缓和了会场的空气。⑫

　　杨砥中在"制宪"国大上指点江山，激荡风云，将整
个西南"土著民族"的政治权利带进了宪法。正在风头上
的他并未意识到，当权者已油然生起对他的厌恶之情。
两年后，"行宪"国民大会召开，他竟然落选国大代表，
让众人大跌眼镜。对此，李仕安先生评论说：

　　　　1946年开"制宪"国大，他的意见很多，发言也
　　很多，听说除了秘书长发言多以外，第二个就是他
　　了。所以，1948年"行宪"国大，蒋介石就不要他上
　　去了，据说是蒋介石指名不要他，他就没当成国大
　　代表了。这一年选总统，我是国大代表，我们选蒋
　　介石做总统，就没得杨砥中的戏了。他1946年把风
　　头出够了，蒋介石都讨厌他了。据说这就是他没当
　　上代表的原因，这是有可能的，否则，他怎么会当

不成国大代表呢？不可能嘛。

公开的资料则显示，1947 年 9 月，贵州省主席杨森以砥中在"制宪"国大中言论"荒唐无稽，妨碍统一"为由，直接阻拦砥中参选国大代表。此时，砥中刚在重庆创办了"南边疆企业股份有限公司"，从事锡、铜、油、汉方药材、茶叶等商品的出口业务，以及金属制建筑材料、机器、工具、西洋医药、教育用品等商品的进口业务，登记资金为 5000 万元。[18]

4. 日暮途穷

2009 年在雅安，仕安先生将杨砥中夫人戴琼英的两封来信赠给了我。一些资料说戴很美貌，李先生提及她时也强调了一句"很漂亮"。戴是东北满族人，祖父是清朝戴双眼花翎的二品大员，她在成都先后就读于华美女中、蜀德中学，最后毕业于华西大学社会系，并曾在光华大学银行系就读一年。毕业后经大学同学——卫立煌的侄女介绍，她到了和丰银行做会计。这样一位受过现代教育的美貌女子，很快便让银行总经理兼股东的杨砥中神魂颠倒，情不自禁地陷入了单相思。正好银行的另外两位股东——龙绳祖与陇应夔，因在国共内战中的消极举动而被国民政府法办，龙的部下紧急飞渝，请杨砥中去南京打点。杨请求戴琼英一同赴南京活动，在成功解救出二人的同时，杨的单相思终于在戴那里引起了共鸣。[174]

1963 年 5 月 1 日，贵州省毕节县人民法院因杨砥中的历史问题，判处他"反革命罪"。17 年后，杨砥中已病逝狱中多年，正在四川省会理县益门煤矿子弟学校教外语的戴琼英致信李先生，请他协助为杨砥中申诉。李先生为此写了《为杨砥中冤案作证》一文，以当事人的身份指出判决所据事实的若干错误。

4 个月后，戴琼英再次致信李仕安，称贵州中级人民法院撤销毕节县的原判，宣告杨砥中无罪。欣喜之余，她纠结的是，审判书上讲杨砥中是 1950 年在四川投诚，应按起义投诚人员政策对待。"这又是我不解之处，按杨一生就是走国民党路线，打起土司、民众总代表的招牌，保送学生上学，并非做官，也非国民党员。在临解放前夕，国民党利用他在彝族人民中的威信，强迫他去西昌，为他们带路，他连我们母子五人生活都无法照顾了，被迫而去。去后不久，便与彝族人民一道。你说这是起义投诚人员吗？该不该再起诉，这判决是否不恰当？"

在"制宪"国大上出尽风头之后，砥中在政治上进入了消沉期。直到 1949 年，国民党在政权大厦已倾，踟蹰于西南边地负隅顽抗的最后时刻，才重新意识到杨砥中的价值。原军统保密局第一处副处长黄逸公回忆，1948 年春，"夷族"观光团到达南京，杨砥中与岭光电曾起草过一份建议，拟于西南非汉民族地区组织"民众自卫队"，这是杨砥中力图在政治上东山再起的一个努力，但未获重视。蒋介石将此建议批交国防部核办，一直悬而未决。1949年4月，天堑长江不保之际，保密局第一处主张批准此方案，并建议将其与该处草拟的"全国游击队组织方案"结合，作为西南地区游击组织实施计划的一个部分，但仍然没有下文。同年8月，蒋介石定下了以西南特别是四川作为"复兴"的根据地的方针，并于9月抵达重庆，在林木森森的黄山官邸召见了杨砥中与岭光电。此时，砥中正处于危急时刻——他被怀疑是共产党员，在贵阳差点就被逮捕了！蒋的接见给了他一个脱险的机会，他很高兴，并对岭氏说："只要见了他（蒋介石），那些杂种就不敢乱来了！"这次接见，砥中口若悬河、滔滔不绝，形容西南"夷"、苗等族如何爱国"反共"、诚实勇猛、吃苦耐劳，可组织起来为党国出力云云。20多分钟后，接见结束，蒋介石站起来握手，目送他们离开。岭注意到，蒋的脸上，写满了劳累焦虑，疲态尽显。

杨砥中就此跟着国民党在西南的残部，一直走到无路可退。其中，包含几分裹胁，几分自愿，几分投机，我们已不得而知。在和岭光电独处时，他曾流露过对胡宗南等人的厌恶，称他们为"这些儿子"。然而，事已至此，他也只能为"这些儿子"尽力了。

黄逸公就在重庆认识了杨、岭二人。经他的认可，杨砥中升级了此前的方案：把"民众自卫队"扩大为"西南边区民众反共救国军"；设总指挥部，由西南军政副长官兼西昌警备司令贺国光任总指挥，徐志道、杨砥中任副总指挥；在川、康、滇、黔等五个边区各设立一个区指挥部，共设十五个总队，砥中兼一个区指挥，其余的区指挥及各总队长，均在西南少数民族上层中选派。新方案送呈参谋总长顾祝同手中，他还未来得及拍板决定，中国人民解放军第二野战军已于 11 月 30 日攻克了重庆，黄、杨等人仓皇逃到成都，又由成都前往西昌，一路历尽艰辛。

在西昌，被蒋介石委以坚守西南重任的"西南军政长官公署"长官胡宗南立即接见杨、岭二人，听取他们报告有关发动边区少数民族武装的具体办法。当杨砥中提到他在滇西佧瓦山、野人山活动的情形时，胡宗南立即来了兴趣，决定在西南军政长官公署成立"边务委员会"（有回忆称为"边政委员会"），并要他们提出委员名单，经商议，他们提出了孙子汶、邓德亮、杨砥中、岭光电、岭邦正、王济民、陇体要、龙绳曾、黄逸公、李犹龙等54人，涵盖了川、康、滇、黔、桂五省区的诸多少数民族上层人物。颇具讽刺意味的是，连1947年加入中国共产党、中华人民共和国成立后曾任凉山临时军政委员会主席以及云南省副省长的张冲，也被提名为委员。张冲是云南泸西县"夷人"，云南人认为他本事很大，有俗语称："天上的雷公，地上的张冲。"名单经胡宗南核定后，以杨砥中为主任委员，黄逸公任秘书长。

边务委员会下设五个处，另成立一个"边务工作队"（有回忆称为"边疆工作队"），总队长由杨砥中兼任。

1955 年凉山彝族自治州成立大会上，云南省副省长、凉山临时军政委员会主席张冲口述大要，李仕安执笔起草发言稿时的情景

接着，边务委员会建议，立即筹组"西南反共自卫救国军"，胡宗南予以采纳，决定成立七个纵队，纵队司令主要是西康"夷族"土司或头人，包括苏绍章、岭邦正、孙子汶、诸葛世槐等。

杨砥中又向胡宗南提出，万一西昌不守，可将主力经会理渡金沙江撤到滇西野人山与伕瓦山，那里毗邻印缅边境，地域广阔，颇具战略价值。为了实现这一计划，边务工作队还先行成立了第一大队，以曾任军统富林组组长的杨涛为大队长，到他的家乡云南永仁县联络少数民族，建立通往野人山及伕瓦山的联络线。

　　不过，志大才疏、有常败将军之称的胡宗南，这次又算错了解放军的进军路线。他以为对手必然会从川南大举进兵西康，攻占富林后，再跨过大渡河直捣西昌，为此屯集重兵于大渡河。孰料 1950 年 3 月 24 日，迂回到滇东的中国人民解放军第二野战军，忽然挥戈北向，由巧家横渡金沙江，流水落花般击溃了朱光祖的独立师，另一路解放军又由滇北剑指西康，歼灭了顾葆裕的残部及"西南反共自卫救国军"第三纵队苏绍章部，攻克了会理。这一下彻底打乱了胡宗南的计划，连退守滇西野人山、伕瓦山的出路也被掐死了。

几乎没有遇到像样的抵抗，解放军势如破竹。仅仅两天之后，3月26日晚11时10分，胡宗南吞下同到凉山打游击的诺言，抛下了包括自己的参谋长在内的众多同僚，在西昌小庙机场乘专机起飞，直奔台湾。此时月黑风高，夜色森森，他的许多同事们爬到了西昌东北面的山上，遥望机场一片灯火，空空荡荡。几小时后，解放军就进入了西昌城。李仕安先生对我说，一夜不安的西昌市民，第二天小心翼翼地打开门后，看见了满街的解放军，他们有的就睡在自己的屋檐下，没有任何骚扰，"西昌人何曾见过这样一支纪律严明的部队？"

黄逸公、杨砥中等人于解放军入城之前数小时撤离了西昌，向凉山深处进发。4月中旬，中共地下党发展对象、凉山"夷人"、接应解放军由巧家北渡金沙江的罗正洪突然来见，并带来了岭光电的来信，信上说："我已率部投诚，到了西昌，曾与军管会的人谈过，保证你们的安全，要你们即日下山，不要再迟疑。"一行人便下山了。⑰

　　杨砥中在西昌与解放军见了面，先被送到北京，后又调回西南民族学院工作。在西南民族学院，他曾负责整理云贵川彝族上层人士的家谱，设计了若干示意图，标明家支位置、渊源何自，并请夫人画图⑯，还撰有《有关凉山彝族历史的几个问题》等学术论文。在新社会，他慷慨激昂一如既往，1956年，当语言学家们试图抛弃传统彝文，另造拼音彝文时，出现了各种反对的声音，其中以杨砥中的情绪最为激动。他向有关领导写信，请求利用传统彝文资料，编撰凉山彝族史，并提供彝族学者名单及古彝文书目，为利用老彝文，保存传统文化献计献策。⑰

七、岭光电

　　从曲木藏尧到高玉柱，再到杨砥中，走的都是紧跟中央的上层路线，与地方政府之间，始终保持一种或明或暗的紧张关系，他们的成功与失败，均与此不无关联。中华民国的政治局势，实在是太复杂了！最能从容于中央、各级地方政府、形同独立的凉山"夷人"社会之间者，非岭光电莫属。他的身份，本身就异常复杂，集土司、袍哥、军统、国民党员、立法委员、国军将领、西康军阀刘文辉的下属与智囊等为一身。"你如果不是少数民族，十个脑壳也保不住。"中华人民共和国成立后，一位地区公安处的处长在私底下曾推心置腹地对岭说。[17] 这些在新社会中每一个都是犯大忌的身份，在民国时期却是他得到各方面广泛认可的象征。一位受过教育的彝族青年曾说："我们深信夷人的开化，必定是由他来奠定基础。"[18] 1943 年冬天，岭光电在康定因伤寒住院，西康省主席刘文辉两次前往探视，并仔细向院长询问病情，叮嘱说："必须千方百计地把他救起来，他死了，彝人的进步，会耽延一二十年。"[19]

1. 中华民族的一颗"铁豆"

1943 年 7 月，燕京大学的林耀华教授冒着暑热，风尘仆仆30 余日，从成都抵达雷波，在此调查数日后，他怀着焦急而忐忑的心情，不顾一切劝告，决定向西深入险峻广阔的凉山地区。行前，他写了两封信，一封给远在重庆的妻子饶毓苏，一封给燕京大学法学院院长吴其玉，通告他们自己入山的日程、所请"黑夷"保头的支系与姓名、办理"夷务"的介绍人等细节。他很清楚，在凉山，各个"黑夷"家支分别控制着大小不等的地域以及数量不等的"白夷"和娃子（奴仆），为了或大或小的事情结下深仇、长期械斗（即打冤家），整个社会四分五裂，每个"黑夷"首领乃至土司的命令都仅在一定范围内有效，外人一旦深入陌生的"黑夷"领地，重则有生命危险，轻则被掠卖为奴。政府对此是束手无策的，因为除了一些接近汉地、汉化程度较高的所谓"熟夷"地区，广阔的

"生夷"地区向来都是政令所不及之地。不唯如此,清末以降,政府的有效管辖范围不断受到"黑夷"的侵蚀。光绪年间,他们侵占凉山主脉黄茅梗以东之地,多处交通断绝。民国八年(1919)他们又攻占昭觉县城,县长只能长期蹐促于西昌县大兴场办公。林氏信中提到的"保头",是在一定地域内享有声望的"黑夷",有其护送,可保安全无虞,但一旦超过此地域,保头自身难保,只能就此别过,漫漫前路又得托付给另外的保头了。有趣的是,在西昌大兴场办公的昭觉县县长,如果要到自己的辖地,也得请保头把自己保进去。然而,保头们的不断接力并不意味着万无一失,一来突发情况无法预料,二来保头也可能背信弃义乃至抢劫、掠卖客人。人在凉山旅途,命运难以预料。林耀华的信,是想在不幸情况发生时,给妻子与同事留下救援的线索。接下来的旅程中果然险情不断,他几至丧身,好在最终均化险为夷。[18]

鉴于凉山的这种情况,当时有不少西方学者、传教士习惯称凉山"夷人"为"独立倮倮",而著名民族学家任乃强则称他们为"中华民族之铁豆",形容其虽散处汉族地域中阅数千年,但一直保持着自身独特的文化习俗与桀骜不驯,可谓水泼不入,针扎不进。世上有没有能"凿破铁豆之金针"呢?任氏把目光投向了岭光电,其厚望之情、殷殷之意,溢于言表。[187]

2. 土司与汉官

岭光电,彝名纽纽慕理,1913 年出生于四川省越西县大田坝(今属甘洛县)驿站的一个土千户家庭。田坝位于一个狭长的河谷地带,"夷"汉杂居,是清代、民国时期汉人深入"夷区"的一个前哨,往东十来千米即甘洛,但已是政令所不及的"生夷"区了,其西二十多千米是汉人所控制的重镇与关隘——海棠。从海棠居高临下,长驱直入的话,要控制田坝不难,但要对付田坝河谷两岸崇山峻岭中的"夷人",则殊非易事。经过翻山越岭实地踏勘之后，我理解了要在谷地设立土司的原因。事实上，岭氏土司衙署就在河边平地，但所辖人群却分散于深山丛林之中。

在清王朝林林总总的数百个土司中，田坝土千户并不起眼，《清史稿》在谈到它时只用了一句话："暖带田坝土千户，其先部则，康熙四十四年，归附，授职。"[183] 即便把目光缩小到凉山一带，田坝土千户在众土司中也谈不上显赫，无论是土地还是人口，它都比毗邻而居且同样属土千户的下土司弱小许多。[184] 虽然也算是含着金钥匙出生，但岭光电却因此备尝苦痛与磨难，他幼年丧父，13岁时，世袭领地先被一个小军阀刘济南无理而残忍地改土归流，接着又在一位"黑夷"彭巫甲的袭击中遭受灭顶之灾，母亲惨死。他侥幸获生，一夜之间成为孤儿，而仇家仍在虎视眈眈，如果不是其干爸、川边各军总司令羊仁安的庇护，他能否顺利长大成人都会成为问题。

在尚未家破人亡时，岭光电曾入过家里以及族人开办的私塾，像许多汉人孩童一样学习《百家姓》《增广贤文》、圣谕等。投奔羊仁安后，在后者的抚养下，他以优异的成绩先后在西昌、成都等地的名校完成了小学、中学教育。在各种课程中，他"对史地素感兴趣"，读过不少古今中外的相关课外书，如《第一次世界大战史》《华盛顿传》《环球志》等，他也喜欢读《三民主义》《孙文学说》以及郭沫若、鲁迅的小说，还有《创造》《生活周刊》《新青年》等现代杂志。他对四书、《史记》《三国志》《明史纪事本末》等古籍同样充满了兴趣，晚年岭光电称自己"只因爱看古书，满脑子'文景之治'、'贞观之治'、'斗米百钱'、管仲、西门豹，姚紫（崇）、宋璟、房玄龄等，时时想这些封建幻想和人物。生不能办到，死后也要如孔子、毕阿史拉者，名扬后代"。1933年，当他投考中央军校时，即因读过《史记》而能顺利回答口试官的问题。按照课程的设置，他也下功夫学英文，将许多课文"读得烂熟"，并能体会到英文本的《三民主义》"文词之美，不亚于汉文"。[185]

读中央军校期间，岭光电在射击、越野赛跑方面显示出过人之处。1936年，他顺利毕业，得到校方的重视与信任，被挑选加入军委内部组织——军统，并被安排到军事委员会委员长重庆行营办公厅第三课工作。而早在毕业之前，他就在校方的安排下，与同学集体加入了国民党。

在南京中央军校读书时期的岭光电

到重庆后，适逢行营组织"边民调查团"赴凉山各县调查，该团由各个方面的专业人员组成，岭氏被委为少尉翻译。考察的成果，最终整理成《宁属调查报告汇编》一书，该书分为矿产、工商、农牧、交通、军事、政俗六个大类，每大类下面细分为若干小类，涵盖了资源、经济与社会生活的诸多方面，在叙述过程中提出若干建议，实为了解和开发宁属的重要资料。[186] 1937 年，岭氏到汉源，被时任"宁属汉夷民团指挥"的羊仁安委为"夷务大队长"。此时，在其故乡田坝，早就流传着岭氏从中央军校毕业，即将回来当官的传说，因改流而处境日艰的百姓、娃子们视离家多年的岭氏为救星，在欣喜中热切地期盼着他的归来。1937 年 1 月，当这一梦想终于成真时，分布在几十里路途上的迎接队伍、百姓们发自内心的跪拜、响彻山谷的哭声，表明了这一方土地对岭氏的欢迎和期望。[187] 越西县县长唐秋三也顺应民情，发给岭氏一张委任状，恢复了他的土司职务。[188] 1940 年，俄国人顾彼得见到的岭光电，已经是这样的形象：

中等身材……身着剪裁得体的纯毛呢咔叽的中国军队制服，磨得铮亮的皮带上挂着一支大毛瑟手枪，脚登一双闪亮的高筒皮靴，头上剃着军队式的小平头。但他与中国军官们的相似之处仅此而已，他瘦长结实的运动员身材使人马上联想到彝人。他大概有三十多岁，相貌堂堂，他的脸色不是那种黝黑的类型，而是令人愉快的巧克力颜色，宽阔的下巴颇有坚决果敢之意，他有一张很感性的嘴和完美皓白的牙齿，又大又黑的眼睛灵活闪烁，与汉人那种杏仁形的、毫无生气的眼睛形成了鲜明对比。当他倾身同我说话的时候，脸上闪耀着迷人的微笑，眼睛变得很柔和。[189]

此时的岭光电，已先后担任四川省边民教育委员会委员、刘文辉麾下的国民革命军二十四军少校参谋、西康省政府中校参议、西康省政府主席彝文秘书、西康省保甲军训合一训练所教官、西康省腴田特别政治指导区民兵团副团长。正值国民政府修筑通向缅甸、突破日军国际封锁的"乐(山)西(昌)公路"，岭氏又出任边民筑路队北段支队支队长。[190] 他正在向自己的人生巅峰稳步前进。

佩戴陆军甲种二等奖章的岭光电，摄于1947 年

在等级与出身至关重要的四川"夷区"，如果不是出身于比"黑夷"还要高贵的土司之家，岭光电难以有他后来的事功，但他远超出许多势力比他强大的土司的影响力，说明家世远非其成功的关键，更何况他在孩提时代就已在飞来横祸中失去了一切，成年后，他所面临的复

杂状况，也使他绝不那么容易如鱼得水。

从汉人政府方面来看，1928年，以蒋介石为首的中央政府，只是在名义上完成了中国的统一，军阀割据的局面并未从实质上得到改变。尽管借着围剿红军以及红军长征的机会，蒋介石削弱了西南军阀，大大加强了对西南地区的控制，但一些军阀仍然拥有强大实力并同蒋介石离心离德。1939年1月，中央新设置西康省，管辖今西藏东部、四川西部约53万平方千米的辽阔土地，刘文辉任省主席。这个新省分为康属、雅属、宁属三大部分，康属的许多地区实际上为西藏当局所控制[⑩]，宁属则是"夷人"聚居区。西康省省会在康属之康定，经济重心在宁属，省主席刘文辉则长住雅属之雅安，如此奇特的状况在全国可谓独一无二。蒋介石为了控制宁属，隔断滇康二省军阀的联系并监视刘文辉和云南省主席龙云，在西康建省的次月，即在西昌设置"国民政府军事委员会委员长西昌行辕"。为减少摩擦，蒋介石特任命精明干练、与刘文辉同属保定（军校）系且当过其部下的湖北人张笃伦为行辕主任，刘文辉则以宁属离省会过远为由，于同年5月设"宁属屯垦委员会"于西昌，代表省政府推行省政，绵里藏针地与行辕针锋相对。[192]这样，岭光电等任职宁属的官员，就往往或明或暗地面临着政治站队的问题。例如，屯委会主任李万华就一度认为李仕安"是行辕特务，与我们是走的两条路"，不予委用。[193]同时，正如蒋介石不能完全控制刘文辉，刘文辉也同样不能让宁属的所有小军阀俯首听命，他一度极不信任岭光电的干爸羊仁安，与邓秀廷之间更是一直貌合神离，羊、邓二人也矛盾重重[194]，而行辕的设置更让小军阀们有了玩弄平衡以增加自身分量的机会。岭光电等人又因此增加了处理与小军阀关系的难题。曲木藏尧就是因为得罪了邓秀廷，于1940年10月被毒死于泸沽，时年35岁。当时他身任国民政府军事委员会委员长西昌行辕中校主任副官，兼乐西公路督修司令部第二支队支队长，组织"夷民"四千余人，参与筑路。[⑮]

宁属"夷人"社会同样非常复杂，政府对"生夷"区鞭长莫及，各个"黑夷"家支独据一方，整个社会四分五裂，没有谁的命令可以在全凉山通行无阻。在这样一个地区，解决问题只有利用个人的身份、才智及胆识，通过私情、说理、协商、调解、谈判、威胁、利诱、武力等方式来施加影响力，这一切都需要因时、因地、因人、因事而灵活采取，是否收效以及收效程度亦视情况而定。[⑯]

在这种极为复杂的局面中，岭光电如何成就他的事功呢？就个性而言，他不像杨砥中那般锋芒毕露与激情四射，而是内敛笃实，一如他的讲话风格——不紧不慢而极富条理；他并不总是踌躇满志，甚至时有悲观情绪，但绝不会因此而懈于拼搏；他有强大的意志力，当晚年罹患癌症，在人生尽头忍受着剧烈病痛时，也绝不呻吟失态。这令人想起凉山"黑夷"的勇武精神——作战时不得低头避弹，如临阵低头，则遭旁人责骂："吃老母猪肉的，你想把子弹让给哪个？"受伤时仍须勇敢挣扎，直至晕倒为止，在此过程中不能呻吟，否则属下的"白夷"非但不同情安慰，还会出语讥讽，说出"你呻吟连我们都没有面子"之类的话。[197]这样一种外表韬光养晦、内心强大进取、洞悉一切的特征，有助于岭光电在各势力之间如鱼得水。李仕安先生曾用一句不含贬义的话形容岭光电："外表猪相，心里雪亮。"[198]他同西康省政要关系之融洽，令人惊讶，向刘文辉汇报工作，无须预约，直接进门就行，在刘的公馆谈事情，到了就餐时间，就一起吃饭。有一次他为刘做彝文翻译，说话过多，声音沙哑，刘就把自己的茶盅递给他喝水。[199]在为屯委会所用的同时，他也精心平衡了与行辕的关系，1944年，行辕主任张笃伦认为他在调解地方纠纷、禁烟上有功，上报颁发勋章，奖励二十支步枪。[200]

岭光电的品性中还有一大关键，助推了他的事功，大小凉山有百万以上的夷胞，他们的心理，值得同情；他们的前途，值得重视。一切的设施，必须因时、因地、因人、因事，以收事半功倍之效。我认定大小凉山之夷族，是夷族实情的缩影，请拿来作边政设计的重要根据吧！

岭光电敬题

岭光电手迹

即他有着强烈的"夷族"意识并努力从实际工作中振兴"夷族"，为此而超越了一己私利，也超越了凉山社会根深蒂固的诸多清规戒律，由此表现出的广阔胸怀与格局，感动着许多人向他伸出友谊之手。他废除了土司苛索属下百姓并且被百姓视为自然而然的种种陋规；他常常带着药品在自己的领地视察，为贫病者无偿治疗；他无视被认为天经地义的森严等级，在送"白夷"与"娃子"（奴隶）们的孩子外出读书时，把坐骑让给学生而自己步行，还为他们购买新装，洗澡洗衣；他可以倾己所有帮助无心于学的王济民返乡，可以举所有财力在"夷区"办学，却自奉甚俭。1949 年，他与国民党四川省党部书记长漆中权交谈，他外穿华丽的呢子制服，里面是土布制作的打满补丁的衬衣，漆中权知悉之后，惊讶地伸手来摸他的衬衣，凝神沉思一会后说："有同事说你在彝地工作，还有成绩，可没仔细询问，想不到你是一个这样为彝胞奋斗的人。……以后有什么事要我相助，我当全力以赴。"[20]

岭光电懂得，权力和强制不是万能钥匙，需要辅以妥协与变通。他以土司身份发出的一些倡导或命令，与属民们根深蒂固的世界观迎面碰撞时，常常产生出令人啼笑皆非的喜剧效果。"夷人"们素信巫鬼，认为各种异兆、灾害、疾病均系鬼在作祟，对付的唯一正确的办法就是请比目（毕摩）祈祷驱鬼，为此不惜耗费大量财物。当岭光电宣传有病须使用医药时，属民们觉得自己的土司荒唐透顶，不可理喻，他们认为："夷人的地方与汉地不同，汉人方法不能用于夷地。"因此即便发给免费的药品，他们也拒绝服用。岭光电同他们反复辩论，结果徒增满腹气愤。后来他掌握了门道，将科学的道理改装为本地的话语，于是皆大欢喜。他对属民们说：

> 夷人的方法真是巧妙啊！可以说夷地方不用夷人方法，是不会成功的！比如念经医病这回事，我们盘古氏开天辟地以来就使用着，非常有效，其原因是夷人地方与汉人地方不同，鬼些都是夷死后变成的，懂得夷语夷文和夷人道理。止要比目念经作法事，他们便要听招呼，立刻离开不再作祟。所以过去夷人方法，在夷地是无往而不宜！可是近数十年就不同了……自若干年来夷人地方，不单是夷人

了，汉人来了，西番来了，摩素来了，高鼻子绿眼睛的洋人也来了，可说人些非常复杂，他们很多的死在夷地，或来时就带来了许多鬼，使夷人地方的鬼也如生人一样复杂了。他们各有各的语言文字和道理，并且这些鬼也如像生人一样，本领特别高强。因为这样，过去比目把夷人鬼对付得了，现在对付他们去不行了！第一这些鬼不懂夷人语文和道理，用夷人语文和道理，同他们交涉，当然不会使他们接受，就接受也怕止限于少数懂夷情的，所以比目对很多病是没有办法了。第二阳间与阴间是共同进步的，生人现在用步枪机枪，尤其洋人用大炮炸弹，他们的死鬼当然是一样的。那末我们就要想想我们生人用步枪还抵不住用机枪大炮，用过去战术胜不过现在方法，那有如比目用陈古八百年的刀矛盾索等，就想战胜用枪大炮炸弹的鬼？真不自量力！所以许多时候，比目不仅不能把人医好，连自己也要受危险！第三死鬼也如生人，各有所好，各有其用，如夷鬼当然喜欢牛羊猪，汉鬼也许喜欢金子银子，洋鬼那就止用票子了，你们想想他不喜欢的东西，一定勉强他用，他是不是会满意？当然不会满意，所以许多鬼，一遇住夷人打牛打羊来送他，他认为不知礼，便要发怒，把人害死！第四过去人些来往，完全在走路，现在却不同了，有的坐船，有的坐汽车，有的要坐飞机。我想鬼些在现在还是一样的，也有坐船的，也有坐飞机的，那末他们不会要牛羊了，要了也带不起走啊！有此种种，比目在目前是不多行了！

以上是说明比目在目前已经失去大部份作用，还有因了一唯用无结果的应付办法，遭受了很大的危险！我们对付鬼是一唯去应酬讨好，遇好鬼听话的鬼还有办法，遇坏鬼就无办法了。而且坏鬼与坏人一样，欺软怕恶，得过一次便利就想二次便利，得过小便利，便想大便利，你越应酬他愈来找你，不知好歹。所以夷区鬼爱害人。汉人对鬼的办法，就不同了！他们遇鬼时，就吃药。把药吃到肚里，使身体一天天好起来，鬼来找住也害不了他。同时鬼来害人，作祟或者吸吮人的血液时，分散在血液里的药，就要毒死他，万一毒不死也要把他毒怕，所以鬼些不敢轻易去找汉人，一致向夷人地方跑来，找夷人想便利。夷人病的一天天加多，就是各地的鬼都集中到夷地的原故啊！我们今后仍然用老方法应付鬼，是一件自寻倒霉的事。必须赶快用医药，免得鬼得便利，完全集中到夷地来！[20]

属民们听后，恍然大悟，认为还是土司高明。类似的故事，岭光电可以讲出不少。

3. 教育家

从军校毕业后，岭光电致力于从一个具体地域的实际工作入手来改变"夷族"的状况，提升"夷人"的地位，此前的"夷人"精英们显然对此重视不够，他们的精力主要集中在争取中央的政治承认上了。

宁属划归西康之后，主要针对宁属"夷民"，刘文辉逐渐提出了"德化、同化、进化"三化政策[203]，尽管这个政策预设了"夷民"对应于愚昧落后的前提，但这个前提在汉人乃至许多"夷人"知识分子看来是不言而喻的事实，而把"同化于汉"这样赤裸裸的"大汉族主义"作为"夷务"的指导思想，也是当时再正常不过的主流认识，在进化论思想非常有市场的民国时期，同化甚至被认为等同于进化，正如岭光电所云："边民同化以后，固然以边民方面来说，已进步不少。"[204]或许其内心深处，也希望"夷族"的特色不要消失殆尽，这从他民国时期反对

"夷"汉通婚的文章中可以窥知一二[205]，在 1949 年后的文章中则表现得更为突出。岭光电最拥护和赞赏的，是三化政策所持的以和平友好的态度对待边民并积极帮助边民进步的立场，若干年后，他还回忆说："四〇年刘正式提出三化政策，要德化同化进化，提得更冠冕堂皇了。一时迷着了许多彝人。"[206] 在他的文章中，多次提到三化政策，以及如何以此来对抗以残害"夷人"著称的邓秀廷。

在岭光电看来，三化政策能否落到实处，关键在于教育[207]，甚至可以说，他是在借着三化政策来加强他推行教育的合法性与权威性。重视教育是与他个人的经历密切相关的。家破人亡之初，在羊仁安的提示下，他意识到，即便贵为土司，若不读书就难以自保，等到他历十年时间接受了完整的新式教育之后，在智识、视野方面的巨变以及因此而获得的影响力，使他更坚定地把教育视为"夷族"进步乃至存亡的关键。1937 年 3 月，刚返回故乡不久，他就在自己的领地内兴办了斯补小学，以免学费、书本费以及供给贫困学生饮食、衣服和文具来吸引大家入学，当这些都收效不大时，他禁不住悲伤落泪，一度想没收不配合的属民的财产，后来他采取了一种福利性的"强制"措施：借贷粮食给学生家庭，其数额以志愿完成之学业为准则（如大学、高中、技专、初中等），学业完成时偿还，或移借其亲友升学，如学生不守约定中途退学，则须赔偿十倍于所借粮食价值的财物。[208]与此同时，他积极寻找各种机会，送"夷人"到荥经、会理、西昌、成都、重庆、南京、福州、息烽等地的小学、中学、军校和各种职业学校去学习。[209]

在他的理念中，女性也应该接受教育，但头人们担心读书女子不满婆家甚或嫁与外族人而表示反对，提出如果招收女生就叫回男生，他无法解释清楚，只得作罢。他也欢迎自己领地之外的"夷人"学生就读且同样给予优待，但因家长担心读书之后变成汉人，加上其他土

岭光电故居(中为斯补小学)，1957年中央民族学院教师惹尼呷呷摄

司的阻止，效果不佳。他甚至也招收汉人学生，但名额限定为总人数的十分之一。他不算是财力雄厚的土司，为了教育不惜将私人资财大量抛撒，个人生活方面却极其俭朴。他原有吸烟的习惯，每日两包，1940年，因教育经费紧张，立誓戒烟，而且坚持不吸，直到1949年后才重开烟戒。

学校的最大特色是设有彝文课，教师是头人马焕章、刘玉成，课本为手抄本彝文经典《史传》，主体教育内容方面则与内地学校大致相同，先是用开明书店版的教材，后又用商务印书馆的。教材在提供知识的同时，也培养了学生的民族与国家意识。2016年的一个夏日午后，我在甘洛采访时年76岁，曾在斯补小学读过书的李敢老先生，老先生身体健朗，精神矍铄，点了一支烟，记忆在烟雾中缓缓流淌："好多课文我都还记得：'来来来，来上学，大家来上学；去去去，去游戏，大家去游戏。'""我还记得《三民主义歌》：'三民主义，吾党所宗。以建民国，以进大同。'""我们那时也唱《义勇军进行曲》，还唱《童子军歌》：'中国童子军，童子军，童子军，我们是三民主义的少年兵。'"在老先生清晰的叙述中，儿时的学堂往事星星点点地呈现出来。

学校还开设了音乐、体育等课程，开展文娱活动，学生们到田坝街上演戏剧，与田坝小学的汉人学生赛

球。斯补小学毕业生骆元君曾于民国时期撰文回忆母校
的办学情况：

　　（斯补小学）于民国二十七年春季正式开学，汉
夷兼收，第一学期就有六十余名儿童入学，校舍是
一座土司衙门培修的，倒也宽大，计有四个教室，
一个大礼堂，四间寝室及一间办公室，还有一个儿
童图书室，至于桌子板凳以及一切用具，都是新制
的，其中风琴和留音机提高了夷族子女们的读书兴
趣不少，记得那时我才是十一岁的一个幼小儿童，
从我的家到学校是十五里路，每天去来必走三十多
里路，这样算是近的了。另外尚有许多同学离学校
两三天路，或一天路，所以一共约二十多个同学都
住堂，伙食全由学校供给，学生文具亦均由岭先生
供给。教师五位是岭先生在内地聘来的，每位教师
都很吃苦耐劳，师生打成一片，记得当初开学时，
学校四周光秃秃的，少有树木，故每天除上课之

外，教师们领着我们修平操坝，栽植树木，不到两年时光，形成了新绿可爱的林园，除了柳柏两种树木之外，各种果树均有，而且还种菜。蔬菜的种籽是教师们自内地带去的，因此田坝的汉夷老百姓都得了不少利益。在这荒凉偏僻文化落后的边区里边，能办得出这样一所规模俨然的学校，实在是一件难以想象的事。可以说史无前例。

1944年美军飞机失事调查队摄于斯补小学，弹脚踏风琴的阿扎曲日是该校早期学生，在外学习后回来教书，包白帕者为成都中央军校培训结业后回来的蒋汉浅，听琴的妇女为学校附近的村民

岭光电甚至把军校的一些训练内容也放进来，1938年9月，学生们到离家120里外的汉源县，接受省主席刘文辉、靖边司令邓秀廷、原川康边防军司令羊仁安等西康头面人物的检阅，学生们赤着脚，服装各异，但迈着整齐的步伐，精神抖擞，情绪高昂，歌声嘹亮而整齐，刘文辉当即予以嘉奖。

岭光电也努力把斯补小学的办学经验与模式推广到其他"夷区"，他1944年担任腴田特别政治指导区区长，列教育为第一要务，修起了校舍，聘好了教师，并借用了斯补小学部分桌凳，但身为政府官员，他无法也无能力像在自己的领地一样使用强制手段，原拟招生一二百人，实际仅招来15人。⑳

理想虽然没有实现，但岭光电的办学事业得到了社会各界的认可。教育部颁给斯补小学一等奖状，到1945年国民政府又颁给他"嘉惠青年"挂匾。教育同时也带来了他意想不到的结果，1950年，当他在劝说下投诚后，解放军第六十二军一八四师马上开欢迎会，设酒宴款待，并任命他为一八四师民族干部训练班的主任。李仕安万分不解，就问一八四师政委梁文英："岭光电是投诚还是起义？把他安排这样高，还开欢迎会。"梁回答："没有岭光电，我们寸步难行，他为我们培养了 200 多个翻译。"李先生感慨道：

> 梁文英这么一讲，我就服了，共产党的水平就是高，居然能从这样的角度看问题，我完全没想到。岭光电一当民族干部训练班的主任，凉山这些有知识文化的人，许多都是岭光电的学生，哪个不晓得岭光电？都来了。那是 1950 年。一来就是一二百，梁文英好高兴，叫我们派工作队，每个工作队配一个翻译。没翻译，寸步难行。有翻译，先去沟通，要不你派军队都不行，人不多，马上就被吃掉了。沟通了，人家就摆酒欢迎了。

岭光电在凉山确实声望卓著。1951年，他到达雅安，此时，西康省主席是他昔日的结义兄弟。因为岭曾是军统，所以义弟请他把雅安参加过军统组织的人的名单列出来。岭不愿意写，义弟火了，将他软禁，供给一日三餐，每月发给零用钱，但不让他工作。后来西康要开省代会，义弟赶紧把他调往芦山县，因为凉山的代表们来雅安开会，看到岭光电这个样子，会生气，到芦山，看不到岭光电，就没事了。再后来，西南军政委员会委员张冲来到成都，听仕安先生讲了岭光电的情况，当即表态："把岭光电调到成都来，就说是我的意思。"岭就到了成都，与妻子杨代蒂团聚了。讲到这里，李先生评论说："岭光电不出卖朋友，绝对值得交。张冲对本族人也真是有感情。"

岭光电领地内的百姓，即便在1949年后严酷的政治运动中也对他高度忠诚。1966年11月，甘洛县方面组织人到成都，将岭光电先抄家，然后揪回县里关押。

在甘洛，他同县上的"走资派"一起被游街示众，工作队又送他回乡，组织群众批斗。批斗时，但闻众声喧哗，彝、汉双语交织，彝语表达的是关切问候，工作队干部们不明所以，他们只听得懂用汉语喊出来的批斗口号。有人高喊："岭光电过去压迫剥削我们，今天还过着不劳而获的日子，我们坚决不同意，坚决要求把岭光电交给我们奴隶群众监督改造。"工作队见群众阶级觉悟高涨，就同意了。工作队一走，百姓们立即围到岭身边问寒问暖。在故乡，他白天劳动，晚上轮流到乡亲们家中喝酒吃饭。[21]

4. 三见蒋介石

家乡的实际工作，并未妨碍岭光电为"夷族"争取政治承认而努力。他的声音，直接上达到蒋介石那里。

在中央军校就读期间，岭光电常常与全校同学一起聆听校长蒋介石训话，毕业后，又三次获得蒋的接见。

第一次是 1947 年，时值国民政府筹开"行宪"国大，"夷族"运动迎来了又一个关键时刻。上一年的"制宪"国大上，经杨砥中等人的努力，各民族在边疆选出代表参加国大、立法院的条款成功入宪，但监察院、省参议院中却并无相关规定。这一次，岭光电决定扩大战果。1947年 4 月，他与诸葛绍武等 16 名土司，请宁属屯垦委员会转呈中央，在宁属三四百万"夷族"中，增加国民大会代表 2 名、参议员 2 名，以便将"夷情随时上达"。[212] 接着，他又与傅正达、池永光和西康省立第二边疆师范学校的青年学生刘世昌等人，发起组织"夷族青年联谊会"，把在西昌工作和读书学习的"夷族"青年组织起来，不久，会员就发展到几百人，1947 年 6 月 26 日，联谊会在西昌边师正式成立，会上通过了章程，推选出理事会成员，以傅正达为总干事，池永光为副总干事，并向行辕和屯委会备了案。

联谊会决定组织一个请愿团到南京，争取"夷族"作为一个民族的平等参政权；与此同时，向西昌、越西、盐源、盐边、木里、普威等地的土司及上层人士发起募捐，筹集活动经费。6月，岭光电、吉绍虞、葛世槐、傅佩营四位土司，傅正达、池永光、罗正洪三位青年，以"西康省夷族参政请愿团"的名义，前往南京。到南京后，相关代表名额已分配，9月13日，岭光电等人在介寿堂召开记者会，要求明定"夷族"在监察院与西康省参议院的名额，并将立法委员增至三名，国大代表也应按人口比例酌量增加。

此时的岭光电，已颇具社会声望，马学良、马长寿、卫惠林、徐益棠、庄学本等众多著名学者都对他表示支持，他也得到了许多官员的同情。在南京，经国民政府机要室专员沈重宇的帮助，岭光电于8月25日见到了蒋介石。见面时间总共15分钟，看起来很短，但其实已经超时了，一同在场的还有岭不认识的三个陌生人。寒暄过后，岭就滔滔不绝地讲开了，当预定的时间已

1947年8月，西康省夷族参政请愿团在南京期间，岭光电、罗正洪在金陵大学与该校教师合影

到，三人紧张地从沙发上站起来，似要下逐客令，蒋介石摆摆手，他们又坐了下去，这样才给了岭光电15分钟的讲述时间。讲完后，岭光电又呈上了请愿书，蒋说了一句"交下办理"，然后站起来握手，蒋沉默了约一分钟，发话说"多同贺元庆（贺国庆）联系"，岭氏鞠躬告

退。中央政府对请愿书的批复是，将以行政方式支持"夷族"代表当选。

10月9日，内政部部长张励生接见了请愿团一行，表示：第一，已吁请国民政府，明令规定"夷族"参议员名额，以符合民族平等之精神；第二，国大代表及立法委员名额，已签请准予增加，或另采补救办法；第三，参加监察院一节，准许在西康省所分配的五名代表中，由"夷族"占一席。以上各节，已由内政部签请国民政府转立法院核议。

最后，在刘文辉支持下，岭光电当选为立法委员。然而，国民政府对民族请愿一事始终心存疑虑，蒙藏委员会就表示："如尽使前来中央请愿，则恐蔚为风尚，将致国内各省区原无问题之少数民族，转生枝节。"请愿团回来后，在行辕的禁令下，夷族青年联谊会即宣告解散。

岭光电第二次获蒋介石接见，是1948年参加立法院会议了。在毛人凤带领下，保密局系统的立法院代表7人，一齐晋见蒋。在军事委员会一个不大的办公室里，蒋身着黄呢制服，微笑着和他们握手。谈话没有实质性内容，也就是介绍、勉励、表态而已。后来蒋问大家有何意见，因为毛人凤事先交代过不必讲什么，所以众人皆答称"没有"。岭光电认为机会难得，忍不住说："蒙藏会是办理全国边民事务的机构，应该改为'边政部'，也该有夷人参加。杨砥中信仰三民主义，拥护校长，又是夷人，我推荐他参加；西康省夷务，宜由孙子文来负责，他是夷人，熟悉夷情。"不管毛人凤的眼神示意，他一直把话讲完。蒋答称此事以后再商量。这是一句中国官场中最常见的套话，接下来自然不了了之。不过，岭光电坦承，"我这个土司能再见到心目中的皇帝，倒是值得向别个土司炫耀"。

这次立法院会议，有一项议程是起草省自治法。自治法草案中并未规定"土著民族"在省参议会中的名额，岭光电带头与组长罗贡华激烈辩论，终于在草案中加入"凡住有上述民族之省县，得按土著民族人口多少，住区大小，省里议会设适当的土著议员名额"的条款。当时川、康、滇、黔、湘、桂的"土著民族"共有6位立法委员，其中云南的安恩溥系以云南地方代表而非"土著民族"代表的身份当选，与罗贡华辩论之时，他因不愿显露"夷族"身份而缺席。[213]

最后一次见蒋时，国民党政权已经日薄西山。1949年9月，在林木森森的重庆黄山官邸，蒋介石接见了岭光电与杨砥中。谈了20多分钟，杨砥中滔滔不绝，岭光电则几乎没有说话，只是表态："拥护领袖，终生不渝。"蒋介石疲态尽显，说了一句"革命已到紧急关头，望同志们加倍努力"，然后二人告辞，蒋目送他们离开。

很快，岭光电就走到了仕途的顶峰。大西南被蒋介石不切实际地寄予了绝地反击的希望，岭光电深受胡宗南重视，于1950年2月被任命为第二十七军少将副军长，次月又兼任"西南反共自卫救国军"第三路副总指挥。不过一切都只是昙花一现，1950年4月初，随着解放军第六十二军一八四师部队快速推进到西昌，他在解放军的动员下投诚。率部归顺的途中，但见群峰绵延，列列入目，岭氏触景生情，心中五味杂陈，投诚虽对"夷人"有益，但"随人浮沉，朝秦暮楚"，"滋味颇觉难受"。[214]

八、李仕安[215]

民国时期，岭光电、曲木藏尧、李仕安是凉山地区非常勤于笔耕的三位彝人。曲木藏尧于1942年英年早逝，岭光电也于1989年驾鹤西去，李先生的下落我则一无所知。2007年的一个秋日午后，利用"百度＋114"的办法，我终于知道了他在四川雅安市政协离休，并顺利拿到了联系方式。当电话中传来他的声音时，我恍如穿越了时空，我是在与一位历史中的人物通话呀！彼时我正在中国国家图书馆查阅资料，便毫不迟疑地放下了在北京的工作，立即购买了前往成都的机票。

那一年，李先生已 95 岁，但耳聪目明，精力充沛，步履稳健。此后有几年，我每年都会专程去雅安拜访他，隔着 60 年的人生距离，我们就他那个时代、他的生命史、他的论著、他的朋友们开怀畅聊，他端着酒杯，口若悬河、滔滔不绝，我一边倾听一边提问，一天的时光就在不知不觉中流逝。我们聊得最长的一次，是从上午 9 点多聊到晚上 9 点，中餐、晚餐都在家中吃，就餐时话题也未曾中断。老先生记忆力惊人，六七十年前的往事，他娓娓道来，无数的细节记得清清楚楚，同我所掌握的史料和谐共鸣，形成一部令人心醉的交响乐，廿载读史，从未如此酣畅淋漓！他的所述当然远远超出了我的阅读所及，为了检验其中是否夹杂着有意无意的删添修饰，除文献校验外，我会有意重复一两年前的老问题，而他的回答居然惊人的一致。当然我也判断出他的讲述中有个别细节错误，但这完全无碍于整体上的可靠性。他也很少用事后的道德规范与政治正确去合理化自己的过往，回忆往事时，他常说："当时我就想，我把这件事做成了，就可以出一个大大的风头。""我就是想做官。""我这人确实很精。"他说自己 1947 年进入华西大学后，想到美国去，动因就是听说在美国赚钱很容易。2010 年的一个冬天，他手写笔画，将凉山 100 多个彝族家支的名称、地理位置呈现在一张纸上，我叹为观止，而他时年已九十有八。

李仕安 90 岁生日照

1. "白夷"粮户

李先生给我讲述的家史，一直上溯到雍正八年

（1730）。按照历史学的规范，追溯到这个时期的口述资料，只能视为传说或历史记忆。然而，令我惊讶的是，李先生的口述，与我从大量史料中精心考辨、分析所得出来的历史，竟然若合符节。我不敢保证他讲的所有细节都有根据，但我确认他讲的东西具有总体上的可靠性。关于他的家世，我不用任何修饰，直接将他的一段话引述如下：

　　雍正八年，中央政府才将雷波正式纳入版图。雍正九年改土归流，把土官改为流官，汉官来管雷波。雍正十年，雷波升科报粮，有土地的人，都来报，报了发一个红契，说明这块土地是你的。你要给国家上粮。但很多家，其实没有报，我们家，大概过了六七十年，到了嘉庆皇帝时才去报的。我们家是大地主，直到现在那里还有李家山、李家湾。嘉庆时，我们有一位老祖宗叫李玉林的可能想通了，他才去改汉姓，去报粮，原来汉姓都没得，报粮，就是说我有多少地方，每年该给国家上多少斤粮。所有红契都写的是李玉林的名字，为啥？其实是他爸爸报粮，写的是他娃娃的名。从那时起，我们就开始读书了，到我才六代。那时粮户很重要，不是粮户就没得地位，一定要在国家上粮纳税的，才叫老百姓。老百姓就可以读书，考秀才了。我们小时候，家里有时会把红契很骄傲地翻出来看。我们家是土不是田，我还是小娃儿的时候，每年都要去上黄豆，如果是田，就上谷子。背起黄豆，到国家的仓库里头去上粮。到了民国十几年，北伐以后，蒋介石到了，才把雷波的征粮改成钱，就不背黄豆、大豆去上了。我们小时上粮好好耍，上完了剩了几升，我们还可以去馆子里头吃一顿。（笑）

李先生的话告诉我们：即便设了汉官之后，仍然有许多非汉人群没有升科纳粮；所谓升科纳粮，也不是根据实际测量的土地亩数来缴税，而是根据自己报的田土数目；报了粮，在国家那里得到承认，就是老百姓了，就有地位了。李先生一家，像明清时期西南千千万万的非汉人群一样，就这样进入了王朝"版图"。到李先生的父亲李万钟时，他已精读了四书五经，雄心勃勃准备去考秀才，但恰逢清末新政，科举废除，只得遗憾作罢。

李先生家乃上层"白夷"，是阿卓土司家的头人。阿卓土司原驻牧于今美姑县觉洛乡帕古村，居大凉山腹地。明洪武四年(1371)赐杨姓，管辖着美姑境内的觉洛、西甘萨、井叶特西等地和雷波县的大片地区。随着"黑夷"势力逐渐强盛，土司权威被日益削弱。明代中期，阿卓土司与"黑夷"恩扎家发生纠纷，打死恩扎家一"黑夷"，遭到恩扎家支的攻打，被迫迁住西甘萨。清康熙四十三年(1704)，阿卓土司家又遭到恩扎家和阿侯家的联合进攻，遂迁住雷波县千万贯，清末，又从千万贯迁至雷波城北大旗山下柳口寨居住（今雷波县锦城镇境内），民国初，迁进雷波县城。阿卓土司迁出美姑后，所辖地方名义上仍归其管理，实际已被恩扎等"黑夷"占有。[216]李仕安的祖上，跟随着土司迁徙，到他父亲李万钟时，已经住进了雷波县城，当时的土司是杨先烈，彝名阿卓格足阿哈。

整个凉山社会四分五裂，各土司内部的权力结构也有所不同。李先生说："阿卓土司家，头人为大；沙玛土司家，百姓为大；岭邦正家，百夫为大；只有布拖，黑彝为大，土司下面，黑彝为大，没有平民。"作为阿卓土司属下四大百姓之首席头人，李家享有不一般的地位，"黑彝到雷波土司家，是没有座位的，但我父亲到土司家去，要坐高板凳"。李先生的父亲得到尊重，可能还有一个原因，即他精通汉语，熟读汉书，是土司的师爷，也是其女儿杨代蒂的老师，为了读书，代蒂在李家住过两年，同李先生的妹妹李秀安一起学习。土司依据辈分来称呼头人，杨代蒂就一直喊李仕安为"四爸"。这其实也是凉山的普遍情况，虽然等级贵贱与身份界限不可逾越，但"黑夷"也常常用亲属称谓来称呼自己的"白夷"百姓。

2. 生活中的族群体验

在雷波，李先生从小就深刻体会着"夷"、汉之间的界限。"我们是土司家的头人，全县都知道我们这家彝族。"幼时在学校，他没少因为这个与汉人同学翻脸，"有同学骂我蛮娃儿，我那时好吓人，打把小刀，谁喊我蛮娃儿我逮到就打，半年就把他们征服了，没得哪个打得赢我。老师打过我，捶我屁股，因为我把同学打伤了。学校就我一个彝人娃儿，彝人好落后。"讲到这里，李先生又补充了一句："其实娃娃儿吵架很正常，我当时的朋友都是汉族娃娃。"

李先生所受的教育在雷波可谓首屈一指，远非一般汉人子弟所能及。他4岁在私塾发蒙，除学习儒家经典外，还跟着堂姑父胡占荣学习彝文，9岁能背诵《论语》，14岁读完四书五经，15岁考入县立官学堂读书，16岁高小毕业，因雷波没有中学，于是进补习班读了一年的几何、代数、物理、化学等中学课程，然后就休学在家了。当时他情窦初开，喜欢上了汉人女孩，备尝痛苦，"我喜欢的女娃儿不能嫁给我，因为汉彝不通婚。我十七岁了，喜欢我的，我喜欢的都有"，这成为他离开雷波的原因之一。1930年冬天，一位雷波籍的郭谈如老师要到成都就职，见李仕安先生聪明伶俐，便带他到成都去见世面。在寒风凛冽的成都街头，17岁的他站在四川省陆地测量学校的招生广告前，久久不愿离去。虽然只学了一年中学课程，但他竟然考入了该校地形科。在学校，他成绩优异，1932年毕业，工作了三年，又于1935年11月入读中央军校成都分校。一年后毕业，他进入川军邓锡侯部工作，四年后，他被四川省教育厅委任为四川省立雷波边民小学校长，回到了阔别十年之久的故乡。这时，他已成婚，太太毕业于成都第一师范。"这个学校号称'姨太太养成所'，70％的学生都嫁给官僚的儿子，我公然在里面抢了一个。生了娃娃，带回雷波，就是要让你们看我同汉人通婚。"李先生衣锦还乡，夹杂着丝丝快意。代价当然是有的，他娶汉族女子，开明的父亲总算接受了，但舅舅家非常生气，要开除他。处于"夷"、汉杂居，风气相对开明的雷波县城一带，他是幸运的，如果是在凉山腹地，异族婚姻带来的可能就是流血事件了。

雷波县的大片区域，彼时还控制在"黑夷"手中，为国家政令所不及。当年林耀华从今西宁镇地方往南进入雷波县城，两地相距不远，也就一日行程，但"中隔夷区不能通达"，只得绕道410里，历五六日方才抵达。[217] 1944年6月8日，美国飞虎队军机坠毁在今雷波县咪姑乡月儿坡，机上11名美国人下落不明，中美两国政府要派人去营救。西昌与雷波近在咫尺，步行四五天怎么都可抵达，但隔着"夷区"，通行困难，需不断请保头，费时费力。无奈之下，李仕安与美军上校穆雷等人，从西昌坐飞机飞越喜马拉雅山"驼峰航线"抵达印度，再从印度乘机至昆明，然后坐汽车到云南昭通，再从此处步行数日前往失事地点。[218]彼时国家对凉山"夷区"的控制情况，可见一斑。

在雷波咪姑寻找飞虎队失事飞机时的合影，从左至右分别为安登文土司、美空军上校穆雷、李仕安

雷波县城内，"夷户"稀少，县城附近，"夷"汉杂居。林耀华到雷波时发现"边地居民多惧夷人"，但实际情况是"夷人为害并不甚多，而夷汉勾结为害者更多"[219]，仕安先生则对我提到了雷波城内的汉人知识分子是如何"耍蛮子"的：

> 汉人杀彝人，我们也杀汉人。汉人杀彝人我觉得心痛，彝人杀汉人我觉得讨厌，彝人也讨厌得很。汉人中最可恶的就是城里的绅粮，这些士绅，把黑彝弄来当干儿子，黑彝为了能进城，就给城里的绅粮当干儿子，回去照样杀人抢人。那时叫"耍蛮子"，还有一个叫"发蛮财"，你给他当干儿子，难道不给他上寿？所以雷波，边地有两句话叫：耍蛮子，发蛮财。你那些绅粮，只是收点租子，不耍蛮子，财从哪里来呢？城里面的绅粮，像雷波的甘刘郭谢四大家族，汉人，他们就耍蛮子，这些彝人

给他们上寿。

"夷"、汉之间，除抢掠之外，也存在着一种共生关系，凉山"夷区"有四大需要，即锅、布、盐、铁，但均无法自给，需要从外地贩运，所以"夷人"也会保护着一些汉人，让他们做这些生意，不会轻易抢掠他们。凭借自己精通"夷"汉情形的有利条件，李先生在当校长之余，与一个姓文的、一个姓甘的、一个姓郭的，在城里租了两间铺子，也做起了锅、布、盐、铁的生意，兼卖点烧酒。

校长当了才半年，省政府决定撤销雷波、马边、屏山、峨边数县的边民小学，改在马边设立边民生活指导所，调李先生任所长。这盆冷水泼灭了他的教育热情，而他与雷波县的汉人士绅又发生了矛盾，结果就被迫离开了雷波。他回忆说：

雷波要成立县参议会，我就提，彝人应该占 4 个名额，雷波彝人比汉人多，你汉人几十个参议员，我彝人占 4 个多不多？不多。为啥只提 4 个，因为没得合适的人选，如果有 5 个人，我就提 5 个。我就提了 4 个，汉人说，你们蛮子，要跟我平起平坐来开会，通不过，就轰我，轰得我没得办法，县长曾是中央军校教官，金华人，虽然他没教过我，我都喊他王老师，这个人还公道，最后他就劝我离开。那是 1941 年，我就离开雷波了。我后来在诗中写："有子皆烟友，无男不袍歌。聊天谈别事，勿用话雷波。"就是因为雷波很多事情都令我不舒服，当年跟汉人女孩谈恋爱不行，现在又轰我走。雷波人几乎都吸鸦片，袍哥也非常普遍，所以我的诗那样写。

三年后，在西昌，仕安先生又与西昌行辕政治部的贺理阳激烈辩论县参议会中的"倮族"代表问题。贺氏称"倮罗"没有参政所需的常识与能力，须将老的、不好的"倮罗"加以"十年剿抚"，然后再用"十年教育"等"小的长大"且学会"行使四权"后才能参政。现在即便其中有少数出类拔萃者，也应该在所在县份参选，而不是给予专门名额。李先生以自己在雷波的经历现身说法，指出贺氏的"边民在各住在县竞选"不具备可操作性，汉人士绅们也决不容许"青年倮罗与之分庭抗礼"，"县参议会上尚不容分庭抗礼，国会上岂会容一般人目为'犬羊'的倮罗代表一县的'黄帝子孙'发言吗?"因此，"如果需要边民参政，是要指定区域，规定名额才行得通的，否则还是只好把倮罗置之化外，使他没有代表为自身利害发言"。[220]

3.《白夷革命宣言》

离开雷波后，在一位同乡介绍下，仕安先生前往雅安晋见了刘文辉。刘文辉当时急于找一位"夷人"到西昌辅佐其侄子刘元瑄，见到李仕安后大喜过望，立即委任他为中校参谋，派他到西昌屯委会服务。此后的八年，他的前途与刘文辉紧密联系在一起，迎来了人生的辉煌阶段：当过宁西特区区长（相当于县长）、国大代表；在各种报刊上发表了大量文章；成为《新康报》的主笔，在成都参与创办《西方日报》并常常为该报撰稿；万里奔波，营救美国飞虎队飞行员；进入华西大学读书；跟随刘文辉起义；向贺龙献上解放军急需的凉山地图；在贺龙介绍下加入中国人民解放军，等等。这一系列的辉煌既出于个人的选择，也夹杂着诸多偶然与被动因素。我问他，从没想过跟行辕、跟中央走前途会更好吗？李先生回答说：

这个要因人而异了。我觉得蒋介石的场子太大，江浙人有权，人多。你要是江浙人，最少也是

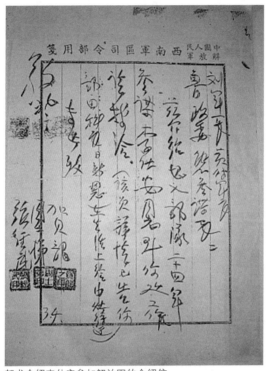

贺龙介绍李仕安参加解放军的介绍信

江苏人才好办。四川人你跟他处得拢？当个少校、连长、营长，连他的气气都闻不到。我读过中央军校，还是成都分校，不是南京的。你还是个蛮子。

我跟刘文辉，马上就贴心了。现在讲起来，我还是狡猾的，抓得住重点。跟刘文辉好，一来大家都是四川人，二来我懂彝话，是彝族，懂汉文。曾昭抡写了一本书，中间有一段写"一位精通汉情的彝胞"，就是我。精通汉情的彝胞，我在凉山，好吃香啊。我跟你蒋介石干吗。

站在更广阔的人生舞台上，李先生对自己的族群身份有着不一样的体验以及更高层次的奋斗目标。本书前面出场的几位主人公，大体上是要求作为整体的"夷族"的政治承认，而李先生却明确提出了黑、白"夷"问题。1945 年 11 月，他发表了《白夷解放宗旨》，其论证思路如下。第一，证诸历史，受压迫民族的抗争是天经地义的。元朝建立中央政权、清军入关，汉人照样可以主宰军国大事，但汉人仍要"杀鞑子""驱除鞑虏"。第二，"白夷"所受的"黑夷"的奴役，程度上远较汉人所受的异族奴役为烈。黑、白"夷"原本是平等的，两者为争昭通发生了战争，"黑夷"在大理国的帮助下打败了"白夷"，从此开始了奴役"白夷"的历史。"白夷"不但被剥夺了主宰军国大事的资格，而且丧失了做人的权利，与牛羊一起被当成财富计算，处处皆受歧视。皇帝尚且与百姓通婚，中国人也可与外国人通婚，但"黑夷"却绝不与"白夷"通婚。第三，因此，反抗"黑夷"统治是天经地义的，也是必需的。第四，"黑夷""白夷"都是中国老百姓，没有什么主子与奴隶之分。"黑夷"之所以被政府尊敬，主要是有忘了根本的"白夷"为其后盾。"因为我们听黑夷支配，所以政府便重视黑夷，他抓住黑夷便能掌握白夷"，如果"白夷"不受"黑夷"支配，那政府就一定会重视"白夷"，因为"白夷"的人口超过"黑夷"十倍，而且"白夷"早已与汉人混血，所以"白夷"大胆起来求解放、争平等，一定会得到政府的帮助。第五，黑白"夷"的人数决定了"白夷"的解放斗争一定会获得胜利，只要"白夷"提出争平等自由的口号，聪明点的"黑夷"便会放下身段与"白夷"称平等，因为那样他还可以保有部分财产及生命。

论证了"白夷"解放的必要性与可行性之后，李仕安接着提出了具体的步骤与措施：首先，各地"白夷"分别联盟，各自选出领袖3～5名；其次，各地领袖负责向政府及汉族呼吁；最后，向"黑夷"提出解放之意。手段方面，战争、和平、和战并行，因人而异，视"黑夷"的态度而定。解放的目的包括三个方面：废除阶级，与"黑夷"脱离主奴关系，允许双方青年男女自由恋爱；确定黑白"夷"之间对于土地等财产的产权，原则上实行耕者有其田的政策；"白夷"直接归政府管理。最后，李先生动情地呼吁："我们的祖先在盼望我们一洗奴隶的耻辱，我们的国家在盼望我们向新生的路上前进，我们的情人——黑夷姑娘更在那里期望着打破阶级后与我们渡自由甜蜜的时候哩！努力吧，白夷同胞们！"

"白夷"由政府直接管理，既达到自身解放之目的，又能给政府带来实质利益。配合这一行动策略，李先生提出了四大口号：第一，打倒统治"白夷"的"黑夷"；第二，争取自由平等；第三，拥护中央政府；第四，大中华民国万岁。[21]希望政府支持的诉求，更直接地表达在《吁请政府及汉族同胞》中，在该篇中，李先生也抱怨了"夷族"得不到承认的现状：

谁都知道，中华民国是汉、满、蒙、回、藏五族共和的国家，但同时又谁都知道中华民国的西南，川、康、滇、黔、湘、桂几省内有着一些所谓夷、苗、黎、傜、僮、僚的民族……（很多人认为他们）不是共和国的组成分子……是野蛮人，不该在堂堂华胄的中国人中列数。

此文同样连载于《新康报》[22]，发表之后，李先生意犹未尽，又写了《告夷族同胞书》，呼吁所有"夷族"奋起自救，废除不良习俗，建设经济，学习技术知识。[23]

李先生提出的"白夷"解放若能实现，将实质性地扩大政府在"夷区"的统治权力，策略不可谓不巧妙，但他没有意识到，国民政府更加难以容忍的是下层人民的"造反有理"，他寄望政府的设想，可谓一厢情愿。文章发表60多年后，李先生对我说：

> 我有两大未遂愿望：一个是组织凉山彝人抗日军，那个没成功；第二个就是《白夷革命宣言》，放了空炮，也没成功。写好后，我先寄给《大公报》，《大公报》退了稿，好像是说，抗日战争胜利了，国家刚刚平静，为了稳定后方，我们不讲这个话题。没办法我就只好在《新康报》发表。编辑一看就劝我说："干不得，凉山哪个不认识你？这样对你不

好。"是的，凉山有四大白彝，四大白彝我算一个，包括黑彝和土司，哪个不晓得我？他的名字我不晓得，他也晓得我，我当时就有那么狂妄。岭光电也说："干不得。"但我的想法是，我已准备离开西昌，得罪完你黑彝也不怕，如果我继续在西昌，当然就不能得罪他们。发表《白夷革命宣言》过后大概两三个月，我就离开了。其实黑彝也不大可能知道，哪个读这篇文章呢？还是白彝。黑彝中当时几乎没人读书，就有这样落后。读过书的岭光电的那些学生，都是白彝，他们读了，不管同不同意，总之我是代他们说话。

系列文章发表后，当时接受过教育的"白夷"中，有十多位致信李先生表示拥护和支持，其中包括中华人民共和国成立后当了金阳县县长的蒋大伦、孙学刚。"黑夷"好友罗正洪也表示要带头解放自家的奴隶。成、渝等地一些有影响力的报纸如《新新新闻》《建设日报》也报道了"白夷"要革命的消息。西昌行辕秘书刘希武闻讯，亲自到李先生家中，质问他为何要写这样的文章。行辕主任张笃伦甚至对刘元瑄说："《新康报》内有共产党。"㉔张笃伦猜得没错，可惜想象力还不够，实际情况比他以为的要严重得多，《新康报》及其后身《西方日报》，从编辑到印刷工人，地下党员比比皆是，但李先生不在其中。两份报纸的大老板都是刘文辉之侄刘元瑄，叔侄二人对共产党渗透的情况心知肚明，默不作声。据传刘文辉私下曾说："得罪蒋介石，没有今天；得罪共产党，可能没有未来。"

李先生解放"白夷"的未遂愿望，在中华人民共和国成立后很快就实现了。他说：

共产党来了后，白彝是最大的力量，为啥子这样说呢？黑彝不上学，当翻译当啥子这些都是白彝。解放军派工作队，翻译是白彝，你说白彝替黑彝说话还是替白彝说话？所以黑彝吃亏。解放后民主改革，黑彝就被打倒了，第一个就是推翻奴隶主。黑彝里头百分之九十几都是奴隶主。但黑彝中也有没得奴隶的，有家里面很穷的，这种就叫劳动奴隶主。

讲到"劳动奴隶主"这个提法㉕，李先生笑了许久。他又说，凉山彝族奴隶社会这个说法，是郭沫若定的调，这不只是一个学术问题，因为：

李仕安（1950年随军进西昌时的照片）

解放后，凉山要实行民主改革，谁是斗争对

象，谁是朋友，谁是我们自己，这是肯定要解决的问题。汉区嘛，打倒地主，团结中农，凉山就要定这个调，不定调不行。所以就定凉山为奴隶社会，有政策上的需要。

4. 边民的呼声

讲到郭沫若，李先生说："我是认识他的。"1940年，他与几个"夷人"青年，披着擦尔瓦，从峨边乘船，到乐山沙湾时，船夫说要装米，至少需两小时，让他们上岸休息。他想，郭沫若就是沙湾人，便去访他，正逢郭沫若父丧家居，他自我介绍后，对郭说他读过郭的书，讲了一通。郭很惊讶：想不到凉山"夷人"也有读他的书的。高兴之余，郭沫若拿出酒来，他也就趁势与郭高谈阔论。仕安先生性情之豁达开朗，毫不怯场，大率如此。他还向我描述认识于右任的场景，1948年在南京开国大，他与一些川、康籍代表同游秦淮河，上船一掀开布帘，发现于右任长须飘飘，正与朋友们开怀畅饮，生性好酒的他马上上前，拿起桌上的美酒自斟一碗，对于右任说："美髯公，我代表夷族同胞敬您。"于氏大笑，宾主尽欢。

仕安先生也深深记得他见蒋介石的情景。我们是从一篇《边民的呼声》谈起此事的，1945 年 9 月底，蒋介石偕夫人宋美龄巡视西昌，正好《新康报》的机器坏了，原拟停刊 10 天左右，听说蒋来了，连夜抢修。10 月 1 日，报社总编辑许成章来找李先生，请他撰稿。李先生深知机会难得，当即应承，写了《边民的呼声》，报社又单独为他印刷该文 100 份。"许成章为何要找我呢？我同他关系好。《新康报》的头条我写了很多，许成章经常给我打电话：没得头条了。我就赶紧写。主要就是彝人抢汉人，杀了多少人，烧了多少房子，这些头条消息，我不晓得写了多少。"

《边民的呼声》明确指向西南非汉人群的政治承认。文章一开头便暗贬实夸，声称川康边区的"倮罗"对抗战贡献甚少，仅仅参加了修筑乐西公路与建设西昌小庙机场云云。接着又说抗战胜利了，国家将履行诺言，实现国内各民族一律平等。而"倮罗"在中华民族中，称得上是一个大宗支，分布在云南的有三百多万，川康约二百万，贵州约八十万，广西五六万，再加上同族而形式上分了家的苗族、彝族、黎族等，总人数在三千万以上，远较满族、蒙古族、回族、藏族为多。因此国家不应忘记他们，要教育他们，使用他们，而现在国民参政会中没有他们，县参议会中没有他们，全国代表大会没有他们，几乎所有的机关都在歧视他们。"一县几万汉人，省参议员代他说话，一个职业团体，也有代表代他说话，但我们二百万人却完全成了哑巴，没有地方诉苦！"⑳

《边民的呼声》是写给蒋介石看的，所以并不长，只有 1100 余字。文章发表后，如何能"上达天听"呢？仕安先生找刘元瑄帮忙。正好 10 月 5 日行辕主任张笃伦为蒋举行宴会，刘元瑄作陪，就把李先生也带去，在望远室进见了蒋。进见之前，先见到蒋的侍从室主任俞济时，他赶紧把报纸递过去，说："我是军校学生，《边民的呼声》是我写的，费心，请转呈校长一阅。"蒋落座后，俞果然递上报纸。"不过，我注意到蒋并未翻阅，只是把它放在茶几上。"李先生回忆说。

张笃伦还安排彝族青年为蒋献上节目，他们唱着民族歌谣，载歌载舞，由李先生将歌词翻译给蒋氏夫妇。所谓"翻译"，其实就是即兴创作，因为那些抒发男情女爱的歌词实在不够应景，所以李先生"翻译"为赞美蒋宋、称颂太平的颂歌，并且煞有介事地对蒋说："彝语中没有'委员长'一词，他们是把您称为皇帝。"三年后在南京开国大竞选总统，为了给丈夫拉票，宋美龄在会场门口与代表们一一握手，李先生身着民族服装，紧紧握住宋氏的手不放，说："夫人你还记得我不？你在西昌时，彝族献歌献舞，我当翻译。"宋美龄回答说："记得，记得。"讲完这段经历，李先生大笑："我那时还是狡猾的，和她说点话多握一会儿手，让记者可以拍照，借此扩大我的影响嘛。"

5. 国大代表

李先生当选国大代表的过程非常有趣。那时他刚刚进入华西大学乡村建设系，他坦言，自己没上过高中，未必考得上，通过刘文辉的关系，教育部直接安排他读华西大学。1946年，经杨砥中等人的努力，已明确国大代表、立法委员中应有"由滇川黔康湘桂六省土著民族选出之代表"。这一成果被吸收进此年颁布的《中华民国宪法》，但表述上有变化，"土著民族"的提法被删除了。在论述国民大会时，对非汉人群的代表有三条规定：一条是"蒙古选出代表，每盟四人，每特别旗一人"；一条是"西藏选出代表，其名额以法律定之"；一条是"各民族在边疆地区选出代表，其名额以法律定之"，此条显然不仅适用于上述六省，而且也涵盖了满族、回族二族。[227] 1948年召开国大时，情况又稍有变化：蒙古代表34名；西藏代表24名[228]；"边疆民族代表"有11名，其中云南4名，西康3名，四川2名，广西1名，湖南1名；"内地生活习惯特殊国民"代表11人，这指的是回族群众；"边疆民族满民"17人。[229] 显然，满族与回族事实上被单列。

李先生是四川边疆民族国大代表，但这与他籍属四川雷波县并无必然联系。在户籍制度并不特别森严的时代，在偏远的川康边地，李先生想当西康省代表同样可行，而且刘文辉也明确表达了此意。李先生说，当时川康的边疆民族代表，谈不上真正的竞选。这倒不是执政者有意阻拦，而是广大的"夷人"，当时根本没有这个意识，他们中的许多人，游离在国家的控制之外，政府能管辖的"夷人"，也都基本不读书，"凉山那些彝族，也不晓得当国大代表有什么意思，所以哪个当都可以"。在这种情况下，国大代表与立法委员，主要就是在寥寥可数的若干位彝族知识分子中选择。李先生最初想当立法委员，为此杨砥中还在重庆帮助他办过记者招待会。后来刘文辉对他说："你当啥子立法委员哦，要当国大代表。立法委员不能兼职，你这么年轻，当立法委员还能做什么？学啥子东西？立法委员要岁数大的，你当国大代表。"李先生就改变主意了。

当时国大代表候选人有"政党提名"与"签署提名"两种，前者由国民党、民社党、青年党分头提名推荐和介绍人选，并且规定在某些地区，民、青两党的提名代表保证当选；后者即凡能有500人以上签名推举的，都可参加竞选。刘文辉以政党提名的方式，让李先生当西康省昭觉县国大代表(而非边疆民族国大代表)候选人，通知都下来了，同属"白夷"的宁属靖边司令部副司令孙子汶（又名孙仿，彝名斯兹伍各）在竞选国大代表的路上遇到了麻烦，他想竞选西昌县国大代表，当地汉人坚决反对。李仕安从岭光电口中得知此事后，决定让出西康政党提名代表的机会给孙。刘文辉问："那你怎么办？"李先生答称："我回四川去选。"他又对刘文辉说："以后省长要选，你可以选西康省主席，但西康前途哪有四川好，最好回四川选省主席。我当四川代表，到时至少给你拉几票。"于是刘文辉给了他一笔钱，让他去四川竞选边疆民族国大代表。我问他，四川省的边疆民族代表只有两个名额，你这么有把握能选上？他回答说："四川雷（波）、马（边）、屏（山）、峨（边）的这些彝人，哪个影响有我大？哪个争得过我？"

刘文辉为人慷慨，给李先生的钱不少，但他没怎么花。西方日报社免费帮他印了1000个信封与2000张"仕安竞选专用笺"，他写了几百封信寄到相关县份的县长、朋友处，请他们帮忙，就算拉票了。有些县长的名字，还是到省民政厅找来的。我好奇地问："只要是彝人就可以投票吗？政府怎么知道有多少彝人？选票怎么发下去？"李先生笑答：

> 选票是正式的，是县选举委员会发下来的，我不是在一县，是在雷、马、屏、峨、沐（川）等十五个县选，这些县都有边疆民族。彝人就可以投票，但这些票都是水的，彝人连户口都没有，你从哪里找？好多票都根本没人投就填上去了，许多人都不知道投票的，请几个人来填起就行。雷波的票是我二哥帮我办，他请了几个原来教我的老师，抽着大烟，就开始胡乱填起名字，几天就填好了。那个时候有啥子人都不晓得，有那个人没那个人都不晓得，选票给你，就随便填吧。其他各县，我把各县关系搞好，屏山县总共投了40票，全部给我了。好几个县都这样搞定，其他不熟悉的县，我既然写了

信，多少也得投我几票吧。

显然，这样的竞选，取得候选人资格才是关键，投票反而不那么重要。于是我好奇地问他是如何成为候选人的。李先生提到了一个我熟悉的名字——黄季陆，时任四川大学校长，也是国民党四川省党部的主任委员。1940年，李先生在报刊上发表了处女作《大小凉山琐记》，引起了黄季陆的注意，他一度打算让李先生给自己当秘书，后来因李先生太年轻而作罢。他对李先生有过一个评价："这个李仕安，放到汉人里面都要算精灵的那一起。"李先生因此有了一个绰号"李精灵"。这次李先生找他，是要四川省党部通过政党提名的方式，让他成为候选人。恰逢国民党中央组织选举的专员来四川视察，李先生把情况给他一说，专员当场表态："你这个候选没问题。"黄季陆那里自然也没有问题了。结果总共两位候选人竞选两个代表名额，一位即仕安先生，一位是阿坝的索观瀛。

李仕安（1948年出席
"国民代表大会"时摄）

对这个结果，李先生大有意见。索观瀛是著名的瓦寺土司，族别为藏族。李先生认为，藏族已有专门的代表名额，索不应再来抢边疆民族的名额。为此，他在《西方日报》上连发了两篇文章，一篇为我没找到的《反对跨族竞选》，一篇为《论边民参政问题》。他的论证逻辑是，边疆民族的人口远多于蒙古族、藏族，对于国家的贡献也不少于他们，而蒙古族和藏族不但享有边疆民族没有的监察权，且立法委员及国民代表名额，也多于边疆民族二三倍，极不公平。现在藏族土司又来跨族竞选，抢占边疆民族少得可怜的名额，边疆民族自然群情激昂。历史上，边民没有参政权利，对于国家，他们可以依附，但也可以脱离甚至敌对。今后边民既已参

政，就意味着接受国家的约束，因此边民在享受权利的同时，也承担了义务，政府必须明白这不是给予小民族的恩惠。㉚

李先生此番大做文章，不止针对索观瀛，也是在为自己的土司杨代蒂鸣不平。杨在雷波想竞选立法委员，过程非常曲折，这要从她的丈夫岭光电讲起。1946年，岭光电到年轻貌美的凉山大土司杨代蒂家上门，代蒂不知道，岭此时已有妻室。讲到此处，李先生呵呵大笑："这个媒是我做的，但这也不能怪我。"他解释说，杨是土司，又接受过现代教育，不嫁岭光电的话就无人可嫁了，也不能嫁给汉人和"白夷"啊，只有岭光电和她般配。李先生又说，这其中还有政治联姻的考量。鉴于凉山四分五裂、内斗严重的状况，李先生一直想策划统一凉山，建立现代政府，推动凉山进步。而统一的"真命天子"，非岭光电莫属。岭是土司，只有土司在凉山才有号召力，"白夷"再有本事都不行。但其他土司也不行，因为岭又是国民政府的官员，同川、康政要乃至中央都关系融洽，社会影响力也很大。李先生的想法，得到不少"夷人"知识分子的支持，其中就包括手握宁属靖边司令部兵权的"白夷"孙子汶[21]，如果再与凉山大土司联姻，统一的基础与条件就大致具备了。1948年，孙子汶跟邓秀廷之子邓德亮兵戎相见，李先生坚决支持孙，其一个想法就是解决了邓家之后，拥岭光电当靖边司令，为统一打下基础，但打了半年，不分胜负。李先生与岭光电等人也相信，政府是会支持他们的计划的，因为凉山统一了，许多政府控制之外的人群可以真正成为国家的公民与百姓。他们万万没想到，行动还没真正开始，国民政府就完蛋了，强大的共产党政权不到数年就深入凉山，解决了历代政府都束手无策的大难题。

新婚期间，岭光电在报纸上发表的一篇文章[22]，惹恼了县长，等到杨代蒂竞选立法委员时，县长坚决不干，投票的地方甚至架起了机关枪。后来代蒂找了地方上的绅粮去沟通，才缓和了县长的情绪。不过，竞选仍以失败告终，她遇到了一位强有力的对手——索观瀛的弟媳赵士雅，而赵士雅其实是汉人。赵士雅成功当选，代蒂只弄到一个候补委员。彼时的国大代表、立法委员通常都是一个正式，一个候补，正式的出了问题，候补的可以顶上。有的地方还规定，男的是正式代表，女的是候补代表。结果出来，李先生不干了，去找赵士雅交涉："你来占边疆民族的名额，你还是汉族!"结果双方就说好，立法院的会，赵士雅与杨代蒂轮流去开。"赵士雅去开了第一次会，第二次还没开，国民党就垮了。杨代蒂就从来没去过。"讲到此处，仕安先生大笑不止。

孙子汶如愿以偿当选国大代表，与李先生结伴赴宁开会。此次国大，由65岁的孙子汶主导，川、康、渝的一些代表曾打算联名上一个提案，声称"西康夷胞自刘文辉主康以来即被汉军压制，毫无自由"，要求"夷族高度自治"，既不属康，又不属汉，"借免以强凌弱而酿成不幸事件"。[23]这样的提案不但得罪刘文辉,而且凸显"夷族"也不受中央待见,自然是不了了之。

赴南京前,西昌警备司令部[24]司令贺国光让相关代表组织"川康边区夷族观光团",带领十多位川、康"夷人"前往南京观光国大。孙子汶、王济民任正、副团长,贺国光派了一位少将参军担任顾问,杨砥中被李先生请来当交际(不是正式团员)。观光团的绝大部分成员,虽非国大代表,但颇受重视,得到蒋介石的亲自接见,西康、四川、上海、南京等地的报纸对他们的活动亦有较多记载。对此学界已有研究,此不赘述。[25]值得一提的是,在南京期间,观光团成员连同在宁的"夷族"人士近百人,发起组织了"西南边疆民族文化协进会",设总会于南京,选举杨砥中为总会理事长,岭光电等16人为理事和监事。[26]

民国时期的仕安先生,怀有强烈的"夷族"意识,并且深深不满于黑、白"夷"之间的不平等鸿沟。他的整个意识，植根于一种开阔的视野。1945年年初，经蒋介石批准，成立了"西康省宁属剿夷总指挥部"，准备对布拖、普雄的"夷人"用兵，岭光电、孙子汶、李仕安等人也参与了行动。但看到指挥部的招牌后，李先生不高兴了："剿夷，我李仕安是夷，连我都要剿了？孙子汶是靖边司令，你也要剿吗？潘学源、岭光电你们也要剿？"刘元瑄的参谋长很难为情，说"取了取了"，改为"剿匪总指挥部"。我注意到李先生当时发表的文章，1945年2月有《剿夷纪事》，但此后的文章，都改成了"剿匪"。㉓

我问："参与汉人去打彝人，你心中没有纠结吗？"

"纠结？我为什么要纠结？我就主张打。有些彝人太讨厌了，我不是站在政府角度和汉人角度，那些彝人的讨厌确实不是一般，像岭光电、孙子汶和我们，都是要打那些彝人的。他们太不像话了！当然，我们跟汉军不一样，汉军打彝人，烧了房子，抢了就走了，我们是想为岭光电统一凉山打下基础。"

李先生当时强烈要求黑、白"夷"平等，但他又说："凉山黑彝体型好高，一米八几的比比皆是，同我关系好的卢占鳌一米九，解放后当过中央委员的伍精华一米九几，他来雅安看我，要低头才能进我家。虽然我是白彝，但黑彝确实是优秀民族，这是我一直都承认的。"

　　六七十年的光阴过去，走在人生边缘的李先生，豁达的境界愈显宏阔。他不止一次对我说：

李仕安手迹

民族的身份真有那么重要吗？早晚都要消失的，到时彝族没有了，汉族也没有了。我自己就消灭彝族了，我是彝族，我讨了汉人老婆，我孙女儿成了美国人。我孙女儿在美国生了一个女儿，是我第四代了，她又是什么族？宗教也是一样的，我是基督教徒，但我是为了消灭它，劝信的人不要信。现在这个世界，最麻烦的就是民族、宗教。消灭了，就天下太平了，孙中山的大同理想就实现了。㉘

"夷族"精英们那些动人的生命故事，就讲到这里。让我们去追问几个至关重要的问题吧：

他们为何要制造一个"夷苗民族"的称谓？

既有"夷苗民族"，为何又要提"夷族"？

他们为何如此论述自己的族类身份及其与整个国家和中华民族之间的关联？

要回答这些问题，我们需要离开民国，进入更久远的历史……

注　释

① ［俄］顾彼得：《彝人首领》，和锵宇译，151 页，成都，四川文艺出版社，2004。

② 参见曲木藏尧：《西南夷族考察记》，3～4 页，南京，拔提书店，1933。

③ 参见林耀华：《凉山夷家》，71 页，上海，商务印书馆，1947。"黑夷"降而为"白夷"，以及"白夷"升为"黑夷"的情况几乎不可能出现，间或有之，均是由极其特殊的原因所促成。参见岭光电：《黑夷和白夷》，载《边声报》，1947-12-25，第 4 版。

④ 参见温春来：《从"异域"到"旧疆"：宋至清贵州西北部地区的制度、开发与认同》，219～221 页。

⑤ （明）包汝楫：《南中纪闻》（《丛书集成初编》本），2 页，上海，商务印书馆，1936。

⑥ 岭光电：《俫情述论》，26 页，成都，开明书店，1943。

⑦ 参见林耀华：《凉山夷家》，71～81 页。

⑧ 参见岭光电：《夷族中阶级之名词与其特俗》，载《新夷族》，第 1 卷，第 1 期，1936；温春来、尔布什哈主编：《岭光电文集》（中册），267～270 页，香港，香港科技大学华南研究中心，2010。

⑨ "曲木"是凉山著名的"白夷"大家支，参见曲木约质：《凉山白彝曲木氏族世家》，昆明，云南人民出版社，1993。

⑩ 参见王大成（曲木达成）、王大伦（曲木达伦）、王大文（曲木达文）：《凉山彝族文化教育的先驱——曲木藏尧》，见中国人民政治协商会议凉山

彝族自治州委员会文史资料编辑委员会编：《凉山文史资料选辑》第15辑，359～360页，1997。

⑪　以上叙述参见《国民政府文官处人事调查表·曲木倡民》，台湾"国史馆"藏档案，入藏登录号：129000036002A；张伯伦：《夷族的革命先进——曲木藏尧》，载《西康青年》，第2卷，第4期，1942；汪济西（曲木藏尧）：《罗罗民族之要求》，载《新亚细亚》，第2卷，第5期，1931。

⑫　参见台湾"国史馆"藏军事委员会侍从室档案，卷名：李仕安，入藏登录号：129000041603A。

⑬　参见郎维伟：《国民政府在第三次康藏纠纷中的治藏政策》，载《民族研究》，2005(4)。

⑭　参见曲木藏尧：《从西南国防说到猓夷民族》，载《聚星》，第2期，1934。

⑮　马福祥：《函川康边防刘总指挥》，载《蒙藏委员会公报》，第15期，1931，83～84页。马福祥是蒙藏委员会委员长，是他将曲木的建议转达给刘文辉。

⑯　参见赵峥：《边地攘夺与"少数民族"的政治建构：以民国时期西康宁属彝族问题为中心》，37页。

⑰　岭光电：《俫情述论》，44页。

⑱　参见赵峥：《边地攘夺与"少数民族"的政治建构：以民国时期西康宁属彝族问题为中心》，37页。

⑲　参见赵峥：《边地攘夺与"少数民族"的政治建构：以民国时期西康宁属彝族问题为中心》，29～31页；李爱军：《近代中国"六族共和"论》，载《西北民族大学学报(哲学社会科学版)》，2013(4)。

⑳　中山大学历史系孙中山研究室、广东省社会科学院历史研究所、中国社会科学院近代史研究所中华民国史研究室合编：《孙中山全集》第5卷，187页，北京，中华书局，1985。

㉑　中山大学历史系孙中山研究室、广东省社会科学院历史研究所、中国社会科学院近代史研究所中华民国史研究室合编：《孙中山全集》第5

卷，473～474页。

㉒ 以上关于孙中山民族思想以及国民政府民族政策演变之情形，参见[日]松本真澄：《中国民族政策之研究：以清末至 1945 年的"民族论"为中心》，鲁忠慧译，74～155 页，北京，民族出版社，2003；James Patrick Leibold, *Constructing the Zhonghua Minzu：The Frontier and National Questions in 20th Century China*, A Dissertation Presented to the Faculty of the Graduate School, University of Southern California, 2002, pp. 34-101。

㉓ 参见杨思机：《以行政区域统驭国内民族——抗战前国民党对少数民族的基本策略》，载《民族研究》，2012(3)。

㉔ 参见杨思机：《20 世纪 30 年代内蒙自治声中蒙藏委员会改组刍议》，载《民族研究》，2010(5)。

㉕ 《汪济西请划四川宁属为西康省范围及建议五事案》，台湾"国史馆"藏档案，全宗名：国民政府，入藏登录号：001000004611A。

㉖ 《川省夷族请划入西康　并要求提高地位改善生活》，载《中央日报》，1931-03-19，第 2 张第 3 版。《川西夷族请划入西康》，载《新亚细亚》，第 2 卷，第 2 期，1931。

㉗ 参见《汪济西请划四川宁属为西康省范围及建议五事案》，台湾"国史馆"藏档案，全宗名：国民政府，入藏登录号：001000004611A。

㉘ 赵峥：《边地攘夺与"少数民族"的政治建构：以民国时期西康宁属彝族问题为中心》，38 页。

㉙ 张伯伦：《夷族革命的先进——曲木藏尧》，载《西康青年》，第 2 卷，第 4 期，1942。

㉚ 参见《夷族曲木藏尧上四全代会主席团呈》，中国国民党党史馆藏档案，系列名称：会议记录，馆藏号：会 4.1/36.8。

㉛ 参见《蒙藏委员会马福祥上四全代会秘书备处公函》，中国国民党党史馆藏档案，系列名称：会议记录，馆藏号：会 4.1/36.11。

㉜ 参见杨尚忠：《曲木藏尧之死》，见中国人民政治协商会议越西县委员会文史资料征集委员会编：《越西县文史资料选辑》第 1 辑，92

页，1987。

㉝　参见赵峥：《边地攘夺与"少数民族"的政治建构：以民国时期西康宁属彝族问题为中心》，39页。

㉞　参见曲木藏尧：《从西南国防说到猓夷民族》，载《聚星》，第2期，1934。

㉟　郑少成等修，杨肇基等纂：民国《西昌县志》卷七《教育志》，21页，1942年铅印本。

㊱　参见曲木藏尧：《从西南国防说到猓夷民族》，载《聚星》，第2期，1934。这篇演讲记录稿称曲木在越西县城内办"化夷学校"，有误。

㊲　参见杨尚忠：《曲木藏尧之死》，见中国人民政治协商会议越西县委员会文史资料征集委员会编：《越西县文史资料选辑》第1辑，92～93页。

㊳　参见王大成（曲木达成）、王大伦（曲木达伦）、王大文（曲木达文）：《凉山彝族文化教育的先驱——曲木藏尧》，见中国人民政治协商会议凉山彝族自治州委员会文史资料编辑委员会编：《凉山文史资料选辑》第15辑，361页，1997。

㊴　参见郑少成等修，杨肇基等纂：民国《西昌县志》卷七《教育志》，21～22页。

㊵　参见曲木约质：《凉山白彝曲木氏族世家》，96～116页。

㊶　参见曲木藏尧：《从西南国防说到猓夷民族》，载《聚星》，第2期，1934。

㊷　参见杨尚忠：《曲木藏尧之死》，见中国人民政治协商会议越西县委员会文史资料征集委员会编：《越西县文史资料选辑》第1辑，92页；赵峥：《边地攘夺与"少数民族"的政治建构：以民国时期西康宁属彝族问题为中心》，39页。

㊸　参见《曲木藏尧谈西南夷族情况》，载《申报》（本书所引《申报》均系上海版，不再注明），1934-06-11，第9版。

㊹　以上论述，参见曲木藏尧的《西南夷族考察记》（1～12、51页）与《从西南国防说到猓夷民族》。

㊺　参见赵峥：《边地攘夺与"少数民族"的政治建构：以民国时期西康宁属彝族问题为中心》，40页。

㊻　本节的叙述，如未注明出处者，均来自阿弼鲁德的弟弟王家均、孙子王险峰的口述。王险峰先生是家族历史、乡土历史的爱好者，采访过许多当地老人，特别是鲁德的妻子安美媛，告诉过他许多鲁德的事情。

㊼　参见王家庆：《野洛冲王氏祖先人物史实录》，未刊稿。王家庆(1923—2009)是鲁德堂弟，曾就职于贵州省水电厅测绘大队、水利设计院。

㊽　阿弼鲁德：《与藏尧同志书》，载《新夷族》，第1卷，第1期，1936。

㊾　参见温春来、尔布什哈主编：《岭光电文集》(下册)，237页。

㊿　以上几段论述，参见《西南夷族文化促进会宣言》《西南夷族文化促进会简章》，均载《新夷族》，第1卷，第1期，1936。

51　《中央派员考察西南夷族生活》，载《申报》，1934-06-09，第6版。

52　参见王奋飞：《与京中诸同志书》、曲木倡民：《与奋飞同志书》，均载《新夷族》，第1卷，第1期，1936。

53　岭邦正：《与奋飞光电书》，载《新夷族》，第1卷，第1期，1936。引文中，"(　)"内的字是笔者根据文意加进去的，"[　]"内的字是笔者对原文错别字的改正，"[　]"内的字如加了"—"，则是笔者认为根据文意应删去的字，下同。

54　参见王奋飞：《与京中诸同志书》，载《新夷族》，第1卷，第1期，1936。

55　岭邦正：《与奋飞光电书》，载《新夷族》，第1卷，第1期，1936。

56　参见王济民：《与奋飞同志书》，载《新夷族》，第1卷，第1期，1936。

57　参见浦汉英：《昭通地区的交通历史概况》，见中国人民政治协商会议云南省昭通市委员会文史资料编辑室：《昭通文史资料选辑》第2辑，84页，1986。

58　参见王家庆：《野洛冲王氏祖先人物史实录》。

(59) 参见阿弼鲁德：《中华民族之复兴与西南夷》，载《新夷族》，第1卷，第1期，1936。

(60) 王济民：《与奋飞同志书》，载《新夷族》，第1卷，第1期，1936。温春来、尔布什哈主编：《岭光电文集》(下册)，237页。

(61) 参见《高玉柱喻杰才简明履历表》，中国国民党党史馆藏特种档案，馆藏号：特26/3.1；《西南夷苗土司民众代表请愿案》(一)之《高玉柱等呈请成为国民参政会参议员》，台湾"国史馆"藏档案，全宗名：行政院，入藏登录号：014000000345A；周洁波、拓野：《高玉柱逸事》，见中国人民政治协商会议永胜县委员会文史资料委员会编：《永胜文史资料选辑》第1辑，56～58页，1989；李伟：《高玉柱作品简介》，见中国人民政治协商会议永胜县委员会文史资料委员会编：《永胜文史资料选辑》第5辑，40～44页，1995；简良开编著：《边屯之光——毛泽东祖先足迹》，358页，昆明，云南人民出版社，2011；段定国：《抗日战争时期猛弄土司军事组织情况》，见中国人民政治协商会议云南省红河哈尼族彝族自治州委员会文史资料委员会编：《红河州文史资料选辑》第5辑，268～269页，1985；薛明剑：《夷族"土司"代表高玉柱女士之演讲》，载《人报》，1937-02-07。

(62) 以上内容引自李伟：《高玉柱作品简介》，见中国人民政治协商会议永胜县委员会文史资料委员会编：《永胜文史资料选辑》第5辑，40页。

(63) 参见《高玉柱喻杰才简明履历表》，中国国民党党史馆藏特种档案，馆藏号：特26/3.1；陈子欢编著：《云南讲武堂将帅录》，248页，广州，广州出版社，2011；郭大烈主编：《中国少数民族大辞典·纳西族卷》，298页，南宁，广西民族出版社，2002。

(64) 高世祥，云南省丽江市政协副主席，出生于1963年，辈分上是高玉柱的叔叔，他家距玉柱家有五六千米。高世祥长期潜心于玉柱的文献与口碑的搜集整理工作，访谈过许多接触过高玉柱的老人。

(65) 参见张潜华：《西南民族问题》，136～142页，重庆，青年书店，1942。

(66) 《西南夷苗民众代表来京请愿经过》，载《新夷族》，第1卷，第2

期，1937。

⑥ 来自高世祥先生 2009 年对谭碧波老先生的口述。

⑥ 《地方协会昨欢迎边疆来沪士女》，载《申报》，1937-02-05，第 13 版。

⑥ 《西南的夷苗状况：高玉柱女士在大夏大学演讲》，载《学校新闻》（大夏大学），第 57 期，1937。

⑦ 协和：《活跃在西南战场的高玉柱女将军》，载《秋海棠》，第 9 期，1946。

⑦ "双向确认"之说，得到张兆和教授的启发。

⑦ 以上几段论述，基于《西南夷族文化促进会请在夷苗民族集中地区设立政治学校分校》(中国第二历史档案馆藏档案，全宗号：2，案卷号：2711)、《西南夷族沿边土司民众代表请照蒙藏模式待遇苗民训练民众施行教育并令川滇长官勿迫苗民等文电日报表》(台湾"国史馆"藏档案，全宗名：蒋中正总统文物，入藏登录号：002000001861A)、《西南夷族沿边土司民众推派代表晋京请愿呈》(载《新夷族》，第 1 卷，第 1 期，1936)、《西南沿边土司夷苗民众代表请愿意见书》(载《新夷族》，第 1 卷，第 1 期，1936)、《西南夷族代表第一次请愿补呈意见文(附内政部批)》(载《新夷族》，第 1 卷，第 2 期，1937)等史料。

⑦ 赵峥：《边地攘夺与"少数民族"的政治建构：以民国时期西康宁属彝族问题为中心》，44 页。

⑦ 见《新夷族》第 1 卷第 2 期(收入《中国少数民族旧期刊集成》)的插图。

⑦ 参见《西南夷族代表第一次请愿补呈意见文(附内政部批)》，载《新夷族》，第 1 卷，第 2 期，1937。

⑦ 参见《西南夷族代表第二次请愿意见文(附行政院批)》，载《新夷族》，第 1 卷，第 2 期，1937。

⑦ 参见《西南夷族文化促进会请在夷苗民族集中地区设立政治学校分校》，中国第二历史档案馆藏档案，全宗号：2，案卷号：2711。

⑱ 《西南夷族代表第一次请愿补呈意见文(附内政部批)》，载《新夷族》，第1卷，第2期，1937。

⑲ 参见杨荣良、朱淮宁主编，南京市地方志编纂委员会编：《南京民族宗教志》，107页，南京，南京出版社，2009。

⑳ 参见曲木倡民：《与奋飞同志书》，载《新夷族》，第1卷，第1期，1936。

㉑ 参见王奋飞：《与京中诸同志书》，载《新夷族》，第1卷，第1期，1936。

㉒ 以上关于《新夷族》刊物的论述，请参见两期《新夷族》。

㉓ 参见《高玉柱等呈请扶植西南夷族开发边区富源》，台湾"中央研究院"近代史研究所档案馆藏档案，类别：18-24-01-046-01，机关：18-24，宗号：46-(1)。

㉔ 《上海市妇女协进会招待高玉柱女士记》，载《妇女月报》，第3卷，第3期，1937。

㉕ 参见寄洪：《夷族土司高玉柱女士访问记》，载《妇女生活》，第4卷，第47期，1937；《高玉柱昨日行踪》，载《申报》，1937-02-06，第14版。

㉖ 参见赵峥：《边地攘夺与"少数民族"的政治建构：以民国时期西康宁属彝族问题为中心》，47～48页；《西南夷族代表高玉柱女士南返》，载《女铎》，第25卷，第11期，1937；《上海市妇女协进会招待高玉柱女士记》，载《妇女月报》，第3卷，第3期，1937。

㉗ 参见赵峥：《边地攘夺与"少数民族"的政治建构：以民国时期西康宁属彝族问题为中心》，48页。

㉘ 参见《西南夷族请愿代表高玉柱喻杰才定期来校讲演》，载《暨南校刊》，第204期，1937。

㉙ 参见白朗尼：《夷族土司高玉柱女士访问记》，载《青年生活》，第2卷，第4期，1937。

㉚ 参见寄洪：《夷族土司高玉柱女士访问记》，载《妇女生活》，第4

卷，第 47 期，1937。

㉛ 参见寄洪：《夷族土司高玉柱女士访问记》，载《妇女生活》，第 4 卷，第 47 期，1937。

㉜ 参见《西南夷族代表高玉柱女士来校演讲》，载《同济旬刊》，第 129 期，1937。

㉝ 《西南的夷苗状况：高玉柱女士在大夏大学演讲》，载《学校新闻》（大夏大学），第 57 期，1937。

㉞ 《西南夷族代表高玉柱女士来校演讲》，载《同济旬刊》，第 129 期，1937。

㉟ 寄洪：《夷族土司高玉柱女士访问记》，载《妇女生活》，第 4 卷，第 47 期，1937。

㊱ 省吾：《高玉柱女士演讲〈夷苗民族概况〉》，载《职业界》，第 2 期，1937。

㊲ 《地方协会昨欢迎边疆来沪女士》，载《申报》，1937-02-05，第 13 版。

㊳ 《喻杰才抵沪谈请愿结果圆满》，载《申报》，1937-03-05，第 10 版。

㊴ 参见《西南夷族请愿代表高玉柱喻杰才定期来校讲演》，载《同济旬刊》，第 129 期，1937。

⑩⑩ 参见《喻杰才抵沪谈请愿结果圆满》，载《申报》，1937-03-05，第 10 版。

⑩① 参见《喻杰才抵沪谈请愿结果圆满》，载《申报》，1937-03-05，第 10 版；《湘主席何键电促高玉柱速入湘　昨日出席光华演讲　分谒唐绍仪覃振等》，载《申报》，1937-04-27，第 10 版。

⑩② 参见《喻杰才抵沪谈请愿结果圆满》，载《申报》，1937-03-05，第 10 版；《湘主席何键电促高玉柱速入湘　昨日出席光华演讲　分谒唐绍仪覃振等》，载《申报》，1937-04-27，第 10 版；《西南边疆协进会今晚宴新闻界》，载《申报》，1937-05-23，第 10 版；《西南边疆筹备会昨招待记者》，载《申报》，1937-05-25，第 9 版。

⑩ 参见《泯灭汉苗界限 谋组西南边疆协会 拟定组织缘起及组织原则》，载《申报》，1937-05-08，第12版。

⑩ 参见《西南边疆协进会昨开发起人会 定今日开首次筹委会 即组考察团前往考察》，载《申报》，1937-05-16，第14版。

⑩ 参见《湘主席何键电促高玉柱速入湘 昨日出席光华演讲 分谒唐绍仪覃振等》，载《申报》，1937-04-27，第10版。

⑩ 参见《高玉柱等将赴湘推进夷民文化 赖琏又来电敦促》，载《申报》，1937-07-4，第14版。

⑩ 《滇省各土司否认高玉柱为代表》，载《申报》，1937-07-08，第10版。

⑩ 参见赵峥：《边地攘夺与"少数民族"的政治建构：以民国时期西康宁属彝族问题为中心》，55页。

⑩ 参见赵乐群、付开林：《龙云及其家族和凉山的关系》，见中国人民政治协商会议凉山彝族自治州委员会文史资料委员会编：《凉山彝族自治州文史资料选辑》第2辑，1~7页，1984。

⑩ 参见温春来、尔布什哈主编：《岭光电文集》(下册)，394~397页。

⑪ 参见张朋园访问，郑丽榕纪录：《"云南王"龙云之子口述历史》，88页，北京，九州出版社，2011。

⑫ 参见曲木藏尧：《从西北问题之严重谈到西南国防》，载《西北问题》，第1卷，第4期，1935。

⑬ 参见安恩溥：《我所了解的彝族上层人物》，见云南省政协文史委员会编：《云南文史集粹》第9卷，2~4页，昆明，云南人民出版社，2004。为阅读方便，我对引文做了分段，并为个别长句加了标点。

⑭ 敢心：《高玉柱被囚禁眼泪汪汪》，载《秋海棠》，第7期，1946。

⑮ 《西南夷族沿边土司代表对请愿事发表宣言 期精诚团结捍卫边疆 函请愿土司查询原委》，载《申报》，1937-07-11，第14版。

⑯ 参见《高玉柱等呈请扶植西南夷族开发边区富源》，台湾"中央研究院"近代史研究所档案馆藏档案，类别：18-24-01-046-01，机关：18-24，宗号：46-(1)；《西南夷苗土司民众代表请愿案》(一)之《高玉柱等呈报设立西

南夷苗土司民众代表联合驻京办事处》，台湾"国史馆"藏档案，全宗名：行政院，入藏登录号：014000000345A。

⑰　以上三段叙述参见《高玉柱等呈请扶植西南夷族开发边区富源》，台湾"中央研究院"近代史研究所档案馆藏档案，类别：18-24-01-046-01，机关：18-24，宗号：46-(1)。

⑱　参见唐植民：《党指引我走上革命道路》，见中共贵阳市委党史研究室编：《永恒的记忆》，23~25 页，贵阳，贵州人民出版社，2011。

⑲　参见《西南夷族沿边土司民众代表喻杰才等呈为西南边疆夷苗民众抗战情殷请简派大员前来组织训练》，中国第二历史档案馆藏档案，全宗号：12(6)，案卷号：10165。

⑳　《西南夷族代表喻杰才等呈请设立边疆民族文化协会》，中国第二历史档案馆藏档案，全宗号：11，案卷号：7141。

㉑　以上几段叙述参见《西南夷族代表喻杰才等呈请设立边疆民族文化协会》，中国第二历史档案馆藏档案，全宗号：11，案卷号：7141；《高玉柱等呈请扶植西南夷族开发边区富源》，台湾"中央研究院"近代史研究所档案馆藏档案，类别：18-24-01-046-01，机关：18-24，宗号：46-(1)；《西南夷苗土司民众代表请愿录》(一)之《高玉柱等呈报设立西南夷苗土司民众代表联合驻京办事处》，台湾"国史馆"藏档案，全宗名：行政院，入藏登录号：014000000345A。

㉒　以上几段叙述参见《西南夷苗土司民众代表请愿录》(一)之《高玉柱等呈报设立西南夷苗土司民众代表联合驻京办事处》，台湾"国史馆"藏档案，全宗名：行政院，入藏登录号：014000000345A；《高玉柱等呈请指示今后工作方针暨请呈院准其设立西南夷苗土司民众代表驻京办事处并陈述夷苗困苦情形及开发边区意见》，中国第二历史档案馆藏档案，全宗号：12(6)，案卷号：10165。

㉓　参见张笃伦：《彝族革命先进——曲木藏尧》，载《西康青年半月刊》，第 2 卷，第 4 期，1940；曲木藏尧：《平津归来回忆》，载《宁远报》，1940-07。

⑫ 参见金则人：《第一期抗战的经验与教训》，见中国社会科学院近代史研究所、中国人民抗日战争史学会编：《抗日战争史料丛编》第 1 辑第 56 册，1～131 页，北京，国家图书馆出版社，2014。

⑮ 《改进西南少数民族命名表》，台湾"中央研究院"近代史研究所档案馆藏档案，类别：20-08-039-13。

⑯ 参见杨思机：《民国时期"边疆民族"概念的生成与运用》，载《中山大学学报(社会科学版)》，2012(6)。

⑰ 蒋介石：《中国之命运》，重庆，中正书局，1943。

⑱ 参见《西南夷苗土司民众代表请愿案》(一)之《高玉柱等呈报设立西南夷苗土司民众代表联合驻京办事处》，台湾"国史馆"藏档案，全宗名：行政院，入藏登录号：014000000345A；《高玉柱等呈请指示今后工作方针暨请呈院准其设立西南夷苗土司民众代表驻京办事处并陈述夷苗困苦情形及开发边区意见》，中国第二历史档案馆藏档案，全宗号：12(6)，案卷号：10165。

⑲ 参见《高玉柱等呈请扶植西南夷族开发边区富源》，台湾"中央研究院"近代史研究所档案馆藏档案，类别：18-24-01-046-01，机关：18-24，宗号：46-(1)。

⑳ 参见《高玉新等呈报发起组织西南边疆文化经济协进会及社会部胡星伯等签呈》，见中国第二历史档案馆编：《中华民国史档案资料汇编》第 5 辑第 2 编，南京，江苏古籍出版社，1997。

㉑ 冯玉祥著，中国第二历史档案馆编：《冯玉祥日记》第 2 册，560 页，南京，江苏古籍出版社，1992。

㉒ 以上叙述参见金国光：《略忆参加"西南夷苗民族解放大同盟"前后》，见中国人民政治协商会议贵州省大方县委员会文史资料研究委员会编：《大方文史资料选辑》第 5 辑，117～120 页，1989。

㉓ 参见《水城土司组织贵州苗族青年独立师》，台湾"国史馆"藏档案，入藏登录号：002000002460A。

㉔ 参见金国光：《略忆参加"西南夷苗民族解放大同盟"前后》，见中

国人民政治协商会议贵州省大方县委员会文史资料研究委员会编：《大方县文史资料选辑》第5辑，120页。

⑬ 参见《西南夷族沿边土司民众代表喻杰才等呈为西南边疆夷苗民众抗战情殷恳请派大员前来组织训练》，中国第二历史档案馆藏档案，全宗号：12(6)，案卷号：10165。

⑯ 参见《高玉柱喻杰才上蒋总裁呈》，中国国民党党史馆藏特种档案，馆藏号：特26/3.12，26/3.11。

⑰ 参见《振济委员会电复成立军事委员会委员长昆明行营边疆宣慰团事宜》，中国第二历史档案馆藏振济委员会档案，全宗号：116，案卷号：828。

⑱ 参见昆明师专课题组：《20世纪前期国民政府对云南少数民族调查的研究》，见昆明市社会科学界联合会编：《昆明市2004年年度社科规划课题成果选》(下)，245页，昆明，云南科技出版社，2006。

⑲ 参见《纳更司土巡检》，见中国人民政治协商会议云南省元阳县委员会文史资料委员会编：《元阳文史资料》第1辑，71页，1992。

⑭ 参见云南省元阳县志编纂委员会编纂：《元阳县志》，11~12页，贵阳，贵州民族出版社，1990。

⑭ 姜明清编：《捐献史料》(上册)，123~126页，台北，台湾"国史馆"，1993。

⑭ 参见郭大烈主编：《中国少数民族大辞典·纳西族卷》，298页。

⑭ 参见金国光：《略忆参加"西南夷苗民族解放大同盟"前后》，见中国人民政治协商会议贵州省大方县委员会文史资料研究委员会编：《大方文史资料选辑》第5辑，121页。

⑭ 江应梁：《请确定西南边疆政策》，载《边政公论》，第7卷，第1期，1948。

⑭ 参见《纳更司土巡检》，见中国人民政治协商会议云南省元阳县委员会文史资料委员会编：《元阳文史资料》第1辑，72页。

⑭ 参见李伟：《高玉柱作品简介》，见中国人民政治协商会议永胜县

委员会文史资料委员会编:《永胜文史资料选辑》第 5 辑，44 页。该文称高玉柱于 1942 年年底创作《晚霞图》，恐有误，因为此时高氏已经去世。

⑭ 《夷族女杰高玉柱病逝》，载《新华日报》，民国三十一年九月二十六日，第 2 版。

⑭ 参见李伟:《难忘的记忆·抗日女将军高玉柱》，见中国人民政治协商会议云南省委员会文史资料委员会编:《云南文史资料选辑》第 50 辑，382 页，1997。

⑭ 参见陈予欢编著:《云南讲武堂将帅录》，248 页。

⑮ 参见《川滇黔边区游击纵队镇雄母享游击队》，见镇雄县委党史征集研究室编:《红旗卷起农奴戟》，107～146 页，1991 年内部发行本。

⑮ 参见吉开将人:「楊砥中と民国晚期の西南中国——忘れられた西南民族の『領袖』」，载《北大史学》第 57 号，2017 年 12 月。

⑮ 参见温春来:《从"异域"到"旧疆":宋至清贵州西北部地区的制度、开发与认同》，156～216 页。

⑮ 我在林口访问的老人主要有文林珍(汉族，1930 年生)、陈昌福(彝族，1939 年生)、文权安(汉族，1951 年生)，三位老人均在林口出生并一直居住在林口。关于杨伯瑶的生平，主要参考了唐光启主编:《七星关区史志人物选》，436～437 页，北京，方志出版社，2018。

⑮ 李先生所说关于杨砥中在重庆开和丰银行之事，可与一些资料相印证，参见姜建清主编:《近代中国银行业机构人名大辞典》，147 页，上海，上海古籍出版社，2014。

⑮ 《国民政府文官处人事调查表:杨砥中》，台湾"国史馆"藏档案，全宗名:军事委员会侍从室，卷名:杨砥中，入藏登录号:129000051237A。

⑮ 参见吉开将人:「楊砥中と民国晚期の西南中国——忘れられた西南民族の『領袖』」，载《北大史学》第 57 号，2017 年 12 月。

⑮ 转引自张久瑛:《民国年间的"边胞"改造运动与"苗夷"精英的民族建构活动》，见《张振珮先生诞辰一百周年纪念文集》编辑委员会编:《张振

珌先生诞辰一百周年纪念文集》，228 页，贵阳，贵州人民出版社，2011。

⑱ 参见《民政部批复杨砥中设立西南夷苗土司民众代表驻京办事处》，中国第二历史档案馆藏档案，全宗号：12(6)，案卷号：10165。

⑲ 参见中共毕节地委党史研究室、中共毕节市委党史研究室编：《乌蒙磅礴——红军长征在毕节》，108～109 页，1996。

⑯ 参见《土司杨砥中谒蒋委员长》，载《新华日报》，1940-09-24，第 2 版。

⑯ 参见《黔民杨砥中擅设办事处》，台湾"国史馆"藏档案，全宗名：行政院/内政/边政及蒙藏。

⑯ 以上关于办学的叙述，参见朱玉芳：《私立石门坎初级中学的创建》，见东人达：《滇黔川边基督教传播研究(1840—1949)》，364～370 页，北京，人民出版社，2004。

⑯ 关于北肇山庄，主要根据我的实地踏勘以及文林珍、陈昌福、文权友几位老人的口述，也参考了周习、周遵鹏、赵敏编著：《红色七星关》，77～78 页，中国人民政治协商会议毕节市七星关区委员会印，2018。

⑯ 参见杨耀健：《土司夫人戴琼英》，见中国人民政治协商会议重庆市渝中区委员会文史资料委员会编：《重庆市渝中区文史资料》第 16 辑，209～213 页，2006；姜建清主编：《近代中国银行业机构人名大辞典》，147 页；云南省档案馆主编：《云南省档案馆指南》，186～187 页，北京，中国档案出版社，1997。

⑯ 参见《西南边政杨砥中》，台湾"国史馆"藏档案，入藏登录号：001000005068A；中华民国史事纪要编辑委员会编：《中华民国史事纪要》(1945 年 1—4 月)，259～260 页，台北，"中央文物供应社"，1986。

⑯ 参见周勇主编：《西南抗战史》，287 页，重庆，重庆出版社，2013。

⑯ 参见《西南边政杨砥中》，台湾"国史馆"藏档案，入藏登录号：001000005068A。

⑱ 参见黄西武：《南京国民政府时期少数民族参加国家代议机构问题

研究》，74～75 页，博士学位论文，中央民族大学，2011；吉开将人：「楊砥中と民国晩期の西南中国——忘れられた西南民族の『領袖』」，载《北大史学》第 57 号，2017 年 12 月。

⑯ 参见石启贵：《湘西苗族实地调查报告》，707 页，长沙，湖南人民出版社，2008。

⑰ 以上关于宪草及其修订的论述，参见王云五：《王云五全集》第 14 册《国民大会躬历记》，293～294、306～308、326～328、342～344、354～355、372 页，北京，九州出版社，2013；石启贵：《湘西苗族实地调查报告》，700～702 页；《申报》，1946-11-22，第 1 版，1946-12-11，第 2 版，1946-12-16，第 1 版。

⑰ 参见王云五：《王云五全集》第 14 册《国民大会躬历记》，380～383 页。

⑰ 石启贵：《湘西苗族实地调查报告》，708～709 页。

⑱ 参见吉开将人：「楊砥中と民国晩期の西南中国——忘れられた西南民族の『領袖』」，载《北大史学》第 57 号，2017 年 12 月。

⑭ 参见杨耀健：《土司夫人戴琼英》，见中国人民政治协商会议重庆市渝中区委员会文史资料委员会编：《重庆市渝中区文史资料》第 16 辑，209～213 页。

⑯ 以上叙述参见黄逸公：《胡宗南在西昌的挣扎》，见中国人民政治协商会议全国委员会文史资料委员会编：《文史资料存稿选编·军事派系(下)》，北京，中国文史出版社，2002；李犹龙：《胡宗南部逃窜西昌和覆灭实录》，见中国人民政治协商会议全国委员会文史和学习委员会编：《文史资料选辑》合订本第 17 卷，北京，中国文史出版社，2011；温春来、尔布什哈主编：《岭光电文集》(下册)，354～363、367～368 页；罗家修、罗蓉芝：《回忆罗大英起义》，见四川省凉山州政协文史资料委员会、四川省凉山州西昌战役战史研究会合编：《西昌战役胜利五十周年纪念专辑》，126～134 页，2000；杨树标、杨菁：《蒋介石传(1950—1975)》，461～462 页，杭州，浙江大学出版社，2008。

⑯ 参见杨耀健：《土司夫人戴琼英》，见中国人民政治协商会议重庆市渝中区委员会文史资料委员会编：《重庆市渝中区文史资料》第16辑，209～213页。

⑰ 参见秦和平：《论凉山新彝文创制与新老彝文使用的争论及后果》，载《西南民族大学学报(人文社会科学版)》，2014(9)。

⑱ 参见尔布什哈：《回忆父亲岭光电》，见温春来、尔布什哈主编：《岭光电文集》(下册)。

⑲ 蒋汉安：《岭光电热心教育》，载《新康报》，1946-11-13。

⑳ 温春来、尔布什哈主编：《岭光电文集》(中册)，531页。

㉑ 参见林耀华：《凉山夷家》，1～5、122～133页。此段叙述含有我对李仕安先生的访谈内容。

㉒ 参见任乃强：《我所知道的夷族土司岭光电先生》，载《边疆通讯》，第8、9期合刊，1947。

㉓ (清)赵尔巽等：《清史稿》卷五百十三《四川土司》，14238页，北京，中华书局，1976。

㉔ 参见阿扎木呷：《回忆开明土司岭光电》，见马尔子主编：《凉山民族研究》第3辑，北京，民族出版社，2013。

㉕ 参见温春来、尔布什哈主编：《岭光电文集》(下册)，205、209～214、223～234、297页。

㉖ 参见国民政府军事委员会委员长行营第二厅：《宁属调查报告汇编》，1939。

㉗ 参见阿扎木呷：《回忆开明土司岭光电》，见马尔子主编：《凉山民族研究》第3辑。

㉘ 传统上，土司的任命、废除与恢复，都须通过朝廷的批准、皇帝的认可，地方大员们拥有相当大的建议权，县官在这些事上是没有多少权力的。从刘济南随其所欲改流，到越西县县长用一纸委任状恢复岭氏土司之职，说明进入中华民国后，在各级军阀拥有很大实权的情况下，特别是在宁属这样复杂的地区，土司的任免已相当混乱。同时，是否有唐秋三的

委任状，对岭氏在田坝的实际统治权亦不会有多大影响，因为当地的彝族百姓们在情感上、习惯上、现实需要上都离不开岭光电这位土司。

⑱　[俄]顾彼得：《彝人首领》，109～110页。

⑲　参见尔布什哈：《岭光电简明年谱》，见温春来、尔布什哈主编：《岭光电文集》(上册)。

⑲　参见刘文辉(自乾)：《刘自乾先生建设新西康十讲》，24～28页，雅安，建康书局，1943。

⑫　参见胡恭先、刘元瑄、伍柳村：《刘文辉和蒋介石在宁属的明争暗斗》，见中国人民政治协商会议凉山彝族自治州委员会文史资料研究委员会编：《凉山彝族自治州文史资料选辑》第4辑，168～196页，1986。蒋介石任命张笃伦为行辕主任的良苦用心，来自对李仕安的访谈。

⑬　参见温春来、尔布什哈主编：《岭光电文集》(下册)，384页。

⑭　参见温春来、尔布什哈主编：《岭光电文集》(中册)，396～406、479～482页。

⑮　参见张伯伦：《夷族的革命先进——曲木藏尧》，载《西康青年》，第2卷，第4期，1942。邓秀廷毒死曲木藏尧一事，不见于当时的文字史料，但时人均这么认定。

⑯　岭光电、李仕安两位彝族精英在民国时期解决许多问题的个案使我得出这样的结论。

⑰　参见岭光电：《黑夷和白夷》，载《边声报》，1946-12-15，第4版；温春来、尔布什哈主编：《岭光电文集》(下册)，124～125页。

⑱　关于岭光电的性格描述，主要来自我对李仕安、羊仁安的孙子羊邦德(1941年生，汉源县交通运输局退休职工)、岭光电任土司时所管辖的百姓潘占清(1940年生，中共甘洛县委统战部退休干部)与李敢(甘洛县人民政府办公室退休干部)、潘占清之子潘木乃的访谈，以及他所写的回忆个人往事的论著。

⑲　参见温春来、尔布什哈主编：《岭光电文集》(下册)，383页。

⑳　参见温春来、尔布什哈主编：《岭光电文集》(下册)，303页。

㉑　参见蒋汉安：《岭光电热心教育》，载《新康报》，1946-11-13；温春来、尔布什哈主编：《岭光电文集》(下册)，350、528～531页。

㉒　岭光电：《我在夷区实施建设的经验》，载《边疆通讯》，第8、9期合刊，1947。

㉓　参见刘文辉(自乾)：《刘自乾先生建设新西康十讲》第三讲《建设新西康的三化政策》，133～166页。

㉔　岭光电：《教育与三化政策》，载《新康报》，1944-12-15，第4版。

㉕　参见岭光电：《保情述论》第五篇《谈谈汉夷通婚问题》。

㉖　岭光电：《刘文辉与邓秀廷间的一些情况》，见温春来、尔布什哈主编：《岭光电文集》(中册)，406页。

㉗　参见岭光电：《教育与三化政策》，载《新康报》，1944-12-15，第4版。

㉘　参见岭光电：《我在夷区实施建设的经验》，载《边疆通讯》，第8、9期合刊，1947。

㉙　参见阿扎木呷：《回忆开明土司岭光电》，见马尔子主编：《凉山民族研究》第3辑。

㉚　以上关于岭光电兴办教育的情况参见阿扎木呷：《回忆开明土司岭光电》，见马尔子主编：《凉山民族研究》第3辑；蒋汉安：《岭光电热心教育》，载《新康报》，1946-11-13；岭光电：《我在夷区实施建设的经验》，载《边疆通讯》，第8、9期合刊，1947；温春来、尔布什哈主编：《岭光电文集》(下册)，286～288、341～349页。

㉛　参见阿扎木呷《回忆开明土司岭光电》中的描述及尔布什哈的讲述。

㉜　《十六土司代表吁恳：夷人要求参政》，载《新康报》，1946-04-01，第2版。

㉝　以上叙述参见温春来、尔布什哈主编：《岭光电文集》(下册)，331～334、364～366页；赵峥：《边地攘夺与"少数民族"的政治建构：以民国时期西康宁属彝族问题为中心》，113～118页；《康省保族代表岭光电昨来京》，载《建设日报》，1947-07-21，第1版；《夷族请愿事项已得满意答

覆》，载《西方日报》，1947-10-11，第 1 版；《康夷族参政请愿，让当局增名加额》，载《建设日报》，1947-09-14，第 1 版；罗正洪、傅正达、刘世昌：《川康彝族青年革命先锋队始末》，见中国人民政治协商会议西南地区文史资料协作会议编：《西南少数民族文史资料丛书·政治卷》，1～15 页，拉萨，西藏人民出版社，1997。

㉔ 以上叙述参见温春来、尔布什哈主编：《岭光电文集》（下册），354～363、367～368 页。

㉕ 本节凡未注明出处者，均来自李仕安先生的口述。

㉖ 参见四川省美姑县志编纂委员会编：《美姑县志》，535、695 页，成都，四川人民出版社，1997。

㉗ 林耀华：《凉山夷家》，118 页。

㉘ 详情请见李仕安先生的《昌印途中》。此文分十余次连载于 1944 年 9 月、10 月，1945 年 3 月的《新康报》第 4 版。

㉙ 林耀华：《凉山夷家》，121 页。

㉚ 赵峥：《边地攘夺与"少数民族"的政治建构：以民国时期西康宁属彝族问题为中心》，111～112 页。

㉛ 参见李仕安：《白夷解放宗旨》，载《新康报》，1945-11-02 至 1945-11-04，第 4 版。

㉜ 李仕安：《吁请政府及汉族同胞》，载《新康报》，1945-11-05 至 1945-11-10，第 4 版。

㉝ 参见李仕安：《告夷族同胞书》，载《新康报》，1945-11-11 至 1945-11-13，第 4 版。

㉞ 李仕安口述，马林英撰写：《百岁人生川康史：彝族老人李仕安口述记录》，215 页，北京，民族出版社，2014。

㉟ 按：民主改革中，凉山彝族社会划分了奴隶主、劳动者、半奴隶、奴隶四大阶级，没有劳动奴隶主，或许在讨论时提过这种身份，姑且存疑。

㊱ 李仕安：《边民的呼声》，载《新康报》，1945-10-03，第 4 版。

㊲ 参见《中华民国宪法》，见中国第二历史档案馆编：《国民党政府政

治制度档案史料选编》(上)，613~632 页，合肥，安徽教育出版社，1994。

㉘　因为中央政府尚不能直接控制西藏，所以西藏代表实际上是在暂时旅居内地的藏族群众以及西康、青海、甘肃、云南的藏族群众中选出。

㉙　参见《国大代表名单》，载《中央日报》，1948-03-17，第 4 版。

㉚　参见李仕安：《论边民参政问题》，载《西方日报》，1948-01-31 至1948-02-01，第 3 版。

㉛　当时的司令邓秀廷死了，在李先生与岭光电等人的活动下，邓秀廷之子邓德亮守孝三年，守孝期间，由副司令孙子汶代理司令。

㉜　这篇文章笔者未找到，应与禁鸦片时妄杀"夷人"有关。参见温春来、尔布什哈主编：《岭光电文集》(下册)，334~335 页。

㉝　《国民大会代表选举事务案(十八)》，台湾"国史馆"藏档案，入藏登录号：001000000204A。

㉞　1946 年，委员长西昌行辕被撤销，国民政府在西昌设置警备司令部，成为行辕的替代机构。

㉟　参见赵峥：《边地攘夺与"少数民族"的政治建构：以民国时期西康宁属彝族问题为中心》，120~123 页。

㊱　参见杨荣良、朱淮宁主编，南京市地方志编纂委员会编：《南京民族宗教志》，107 页。

㊲　参见李仕安：《剿夷纪事》，载《新康报》，1945-02-04；《普雄剿匪战综报导》，载《新康报》，1945-06 至 1945-08；《普雄剿匪经过》，载《西康日报》，1946-08-04；《普雄剿匪杂话》，载《新康报》，1946-12 至 1947-02。

㊳　此段引文并不代表笔者的观点，只是如实转述李仕安先生的原话。

西南 "国家传统"

汉武帝元鼎五年(前 112)秋，33 岁的郎中司马迁，跋山涉水，前往西南。云贵高原群山莽莽，此前涉足于此的朝廷官员仅有唐蒙、司马相如等寥寥数位。太史公此番出使，耗时年余，历巴郡、蜀郡、邛、笮、昆明等地。[①]这是一次政治使命，对史学家司马迁而言，更是一次珍贵的田野考察机缘。其成果，若干年后反映在了不朽的《史记》中。司马迁敏锐地注意到，西南地域辽阔，繁衍生息着众多不同的人群，他们可以分为两大类。一类有某种政权形式，存在较大聚落与君长统治，如夜郎、滇，等等，他用高度概括的语言进行了描述：

　　西南夷君长以什数，夜郎最大；其西靡莫之属

以什数，滇最大；自滇以北君长以什数，邛都最

大；此皆魋结，耕田，有邑聚。

另一类人群则比较松散，缺乏制度化、阶层化的权力架构，人们居无定所，"随畜迁徙，毋常处，毋君长，地方可数千里"。[②]

两种基本的社会形态，在历史之河中长期绵延。自汉迄清，尽管王朝所直接控制的西南地域日益广阔，但两千余年间，这种局面仍然在不同程度上存在，成为民国时期西南非汉族群知识分子们言行与事功的重要历史基础。

一、苗贵

明景泰五年(1454)农历十二月壬寅，皇帝谕令，允准贵州副总兵、都指挥佥事苗贵改姓李，为李贵。姓乃

祖宗所赐所传，神圣而不能轻易更改。中国人改姓，乃天大之事，许多由于过继等原因而从他姓者，后代往往还要费尽心机改回原姓。苗贵此番改姓，缘由相当奇特，乃"自嫌其姓与苗蛮同"，于是央求贵州巡抚蒋琳奏请圣裁。此事或令今人喷饭，但当事人却实实在在地经受着尴尬与痛苦。苗贵数年前尚在山西任武职，因贪腐而被罚运砖赎罪，赎满后调往黔地为官。对自己的姓氏原无负面情感的他，目睹贵州的遍地"苗蛮"，触景生情而产生了耻辱意识。③如果他姓"夷"，想必也会改之而后快，因为他当时在贵州最常闻见的非汉人群的标签，就是"苗"与"夷"。

　　苗贵的鄙陋可笑，姑且不论。在传统中国，如同"蛮"等词语一样，"苗""夷"所指对象常常带有很大的模糊性和不确定性，在许多情况下只能理解为对非汉族类的泛称。但在苗贵那个时代，情形开始发生变化，"苗"与"夷"在保持着泛称内涵的同时，在许多情况下已代表着更具体的空间及人群的差异。例如,《明实录》等史料已经呈现出这样一种趋势:人们常将贵州省的都匀、铜仁、凯里以及湘西等地的族类称为"苗",而黔西北、黔西南、滇东北、川南等地的族类则多被称为"夷"或"倮倮(罗罗)",因此在谈到黔东、湘西等地时,频频出现"苗民""苗贼""苗叛""苗寇"等词语,而论及黔西北等地时,"夷""夷房""夷民"等词语则极其常见。④用一句简单的话来总结,就西南地区而言,被称为"苗"的族群居住地区与今天的苗族聚居区有较高的重合度,但范围超过后者,被称为"夷"的族群居住地区则往往与彝族聚居区相同或相邻,范围亦较后者为大。西南地区的大多数非汉族类,都可分别置于"夷""苗"这两大人群范畴之中。这一差别在明亡以后一直延续,并且呈现出更加精确地指代某些人群的倾向。尽管今天被界定为彝族的人群的自称各不相同,但明中期以降,"夷"逐渐被遍布川、滇、黔等地的许多人群认可和接受,当地的汉人称他们为"夷人"或"夷族",而他们在汉语语境中也是如此称呼自己的。同样,"苗"也被湘西、黔东等地的诸多非汉人群所认同,他们讲汉语时自称为苗成为自然而然之事。例如,在贵州西北部地区,苗人与"夷人"已被清楚区分开来,始修于光绪三十二年(1906),定稿于民国十三年(1924)的《威宁县志》云:"(我邑)其它种族除汉族不计外,以苗民为最多,黑白夷次之,齐细眉次之,土老又次之,阿乌子不多,蛮子绝无。"⑤在四川凉山一带,控制该区域的上层分子在明代就已被普遍称为"黑骨夷"⑥,彝族人被边区汉人称为"罗罗"或"蛮子",他们用汉语谈话时则自称"夷家"。⑦在云南中甸,彝族自称为"诺苏",他称是"夷人""夷族"等。⑧

作为贵州副总兵,苗贵常常在大大小小的针对"苗夷"的军事行动中担任角色。他虽然鄙视"苗夷",却也不得不与"苗夷"特别是"夷"的首领们打交道,甚至配合他们作战。1460年,他在镇压王阿榜聚众作乱事件中表现出色。[9]同年 12 月，面临规模更为巨大的"西堡蛮"之乱时，他与镇守贵州的太监郑忠调遣安陇富率土兵二万参与截杀，此时，安陇富的身份是贵州宣慰司宣慰使。[10]

按明代制度，宣慰使为从三品，为土司中的最高品级。贵州宣慰司领有贵州中部与西北部的大片地域，今天的毕节市以及贵阳市大部、六盘水市一部分均曾为其领地。明初西南甫定，朱元璋就诏明代首任贵州宣慰使霭翠位于"各宣慰之上"[11]，这是其实力的一个象征。

在明王朝看来，贵州宣慰司的主体人群是"罗罗"，在更大的人群范畴上属于"夷"，他们则自称为"娄素"，20 世纪 50 年代的民族识别中，"娄素"被划为彝族。

我们对西南"国家传统"的探讨，就从"娄素"开始。

二、笃慕

1. 大洪水

娄素有自己的文字，至迟在宋代已相当成熟，留下了浩如烟海的文献，大都是明清时期的作品，今天我们通常称之为彝文典籍、彝书，等等。早在20世纪30年代，丁文江便在当年贵州宣慰使的驻地——今大方县搜集到《帝王世纪》《宇宙源流》等彝书，加上从云南、四川搜集到的彝文书籍，汇编成《爨文丛刻》。彝书的规模相当庞大，据不完全统计，仅在今天的毕节市范围内，截至1997年已发现6000余部彝文古籍，学者翻译整理出了其中的113部227卷，共2600余万字，最终出版的有90部，共1400余万字。加上20世纪50年代以后由于各种原因已经灰飞烟灭的彝书，彝文古籍之丰富超乎想象！

这些卷帙浩繁的彝书包括谱牒、创世及万物起始的神话与传说、祭祀与占卜经书、历史记录、政书、赋税册、天文历法、文艺批评、英雄史诗、情歌、民间故事、编译著作(如用彝语编译的《西游记》),等等。此外,在田野乡村,还有为数众多的碑刻、岩刻与墓志。⑫

在贵州、云南的彝书中,记载了一位名为笃慕的英雄。话说笃慕有三兄弟,躬耕于田间,途中常常遇到一位老爷子乞食,大哥、二哥不予理睬,笃慕则每每将自己不多的伙食与其共享。有一天,老爷子告诉笃慕:"你听我的话,做一个大木盆,某年某月某日某时,你一定要坐在木盆中。此事绝不可泄露给他人,包括你的兄长。"笃慕遵照而行。当那个时刻来临时,洪水陡然暴发,天地间一片汪洋,生灵丧亡殆尽。笃慕的木盆在茫茫大水中孤独地漂荡,一直漂到撮匹山(亦称洛宜山、罗业白等,一般认为位于云南昭通市)山顶,成为唯一的人类幸存者。七天七夜后,洪水退去,笃慕下山,来到贝谷楷嘎，恰逢天君的三位女儿在此摆歌场，笃慕上去一展歌喉，赢得了三位仙女的芳心，与他结为夫妇。每位妻子为他生了两个儿子，从长至幼分别为慕雅苦、慕雅且、慕雅热、慕雅卧、慕克克、慕齐齐，是为娄素的六祖，娄素由此而分为武、乍、糯、恒、布、默六大支系。六个支系先是与天上通婚，后来天地亲路断绝，为了生存发展，经过商议，决定武系与乍系、糯系与恒系、布系与默系相互开亲。他们辗转迁徙，分布于云贵川三省的许多地区。居住在今贵州安顺市，威宁、赫章二县，云南宣威市一带者属布系；居住在今贵州贵阳市，黔西南布依族苗族自治州，毕节、大方、黔西、水城数县，以及云南东川、会泽一带者为默系；居住在今四川南部之叙永、云南东北部之昭通一带者为恒系；又有糯、恒二系的大量族众渡过金沙江，定居于今四川凉山彝族自治州一带。这样一幅人群分布的历史图景，见于清初黔西北、滇东北的娄素的经典著作与口碑资料中，明眼人一看便知，这些正是今天彝族分布的核心区域。而笃慕六子，今天则被称为彝族六祖。[13]

2. 君长国

笃慕的子孙们，后来建立了若干个君长国，主要有黔西北的水西[14]、乌撒[15]，滇东北的阿芋陡[16]、芒部[17]、乌蒙[18]、古口勾[19]，黔西南的阿外惹[20]，黔中的播勒[21]，川南的扯勒[22]，等等。统治这些地区的族类大都自元代起被纳入中央王朝的土司制度中，并且一律被他称为"罗罗"[23]，在民族识别中被定为彝族，而彝文文献则表明他们都自称"娄（素）"。[24]

古口勾部要人欧索父奕访问阿外惹部时，曾与阿弥评点娄素君长国的胜地："我的阿弥呀，九十彝（娄）君长，都住好地方，且听我来说。"接着他便讲到了扯勒的柏雅妥洪、水西的洛博迤略、芒部的葛底翁妥、乌撒的笃烘洛曲、阿芋陡的举娄侯吐启、古口勾的直诺祝雅流域、播勒的大革滴索、阿着仇的阿着地以及阿外惹的住所。显然，在欧索父奕与阿弥的眼中，整个滇东北、黔西北、黔中、黔西南、川南都是彝人(娄)的住地，君长都是彝(娄)君长，柏雅妥洪等地则是彝(娄)家胜地的代表。将几大君长国并列叙述的情况频繁出现于众多彝书中。

君长国的首领们相信，笃慕是他们共同的远祖。当然，关于洪水发生的原因、避难的地点等细节问题有多种说法，但这些并没有动摇同宗共祖的坚定信念。通过《彝族源流》《西南彝志》等彝书，我们可以拟出部分娄素君长国的分支谱系。

在君长国之间的交往中，这个谱系的内容常常被强调，如水西受到吴三桂攻击时，派使向芒部求援：

阿哲(即水西)和芒部，是手足兄弟，要相依为命，彼此之间，系同一祖先。……本是亲支系，本是亲家族。

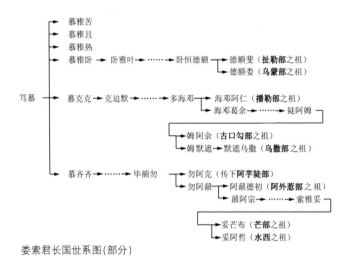

娄索君长国世系图(部分)

又如,乌撒曾与古口勾(即磨弥部)对天结盟:

　　　磨弥与乌撒,自从米(慕)克克,数到陡阿姆,

二十二代祖,一直没分家,共同的祖父陡阿姆,共

同的祖母咪嘎。

需要指出的是，还有一些君长国同样认同笃慕－六祖，但其分支谱系没那么清楚，因此未列入上面的谱系图中。例如，云南中部偏北的武定、禄劝一带的彝文古籍，记载了六祖分支故事，明代赫赫有名的武定凤氏土司，在大理国时期为罗婺部，自认为是六祖长房之后。

除了具有同宗共祖的坚定信念，君长国之间还世代联姻，形成了一个庞大的婚姻圈。《明实录》称："蜀、黔之乌撒、乌蒙、芒部、沾益诸土司悉(水西)安酋姻连至戚。"阿芋陡部的姻亲涉及惹氏、恩氏、恒略丽氏、慕度部、德布氏、古口勾、卧婏、姆默遮、娄娄勾、能娄毕比、纪俄勾(即乌撒)等；又如，水西君长霭翠的夫人奢香是永宁扯勒部之女，归顺明王朝的乌撒女酋长(鲁素舍仆)是从水西嫁过去的。武定凤氏的婚姻范围涵盖乌蒙、水西、乌撒、阿外惹、古口勾等君长国以及四川凉山地区的彝人土司，明朝人张元忭称其"远至川贵相婚姻，有众数万，地千里"。

类似的论述在彝汉文献，特别是彝文文献中举不胜举，其中全面勾勒出君长国姻亲交往的是《彝族源流》卷二十六"姻亲交往记"一章。古代娄素称君长国之间的外交活动为"叟觉"，还会根据各君长国之间的关系，在"叟觉"一词中加入修饰语，如有血缘关系的"余（即舅）苏（即甥）""寸迁（家族支）"、非血缘关系的"耐优"等。川南、滇东北、黔西北、黔中、黔西南的娄素不但相信他们有共同的祖先，并且在现实生活中世代通婚，互为甥舅，因此各个政权之间的交往被称为"余叟苏觉"，他们之间的"外交活动"，通常带有"婚亲交往"与"走访亲戚"的性质，而"余叟苏觉"的活动是相当频繁的。

　　因为血缘与姻亲关系的交识，当某君长乏嗣时，继任新君可能来自其他君长国，"彼绝此继，通为一家"。例如，明万历年间安绍庆、安效良父子分领古口勾和乌撒，水西君长安疆臣之弟安尧臣则统治了芒部。[25]

3. 范成大视野中的西南

南宋乾道七年(1171)，47岁的范成大以集英殿修撰出知静江府兼广西经略安抚使，次年赴任。他从家乡苏州出发，取道江西、湖南，水陆兼程，行三千里，历三月余，始抵达桂林任所，两年后离开广西前往四川赴职。㉖这段"南宅交、广"的生涯，对生长于江南，一直在内地为官的范成大而言，可谓眼界大开。此前他曾出使金国，见到了金世宗完颜雍。范成大无疑是当时中国最具"世界视野"的官员之一。他笔下的西南社会，与后来《宋史》的记载相距甚远。《宋史》素称庞杂，但对西南地区的众多"蛮夷"，常常用三言两语带过，一些有着较高文明程度的非汉人群及其所建立的政权，甚至只字未载。这使后人形成一种刻板印象，似乎宋代西南地区只有一个大理国与宋王朝对峙。而范成大根据自己在广西的耳闻目睹撰就的《桂海虞衡志》，则为我们揭示了一个全新的世界，他已经触及了前文所述的娄素君长国。

范成大称，"南方曰蛮"。蛮种繁多，那些毗邻王朝所直接统治的省地，且受王朝羁縻的州县，虽向为"蛮地"，但势易时移，不应再"以蛮命之"。与王朝连名义上的羁縻关系都不存在的地区，就是"化外真蛮"了，具体又可分为三类：一类无所统属，此谓"生蛮"；一类有酋长，"与山獠相似，但有首领耳"；还有一类，如自杞、罗殿等，有"国"之名，罗殿之地形成聚落，有文书、公文，"称守罗殿国王"。[27]

尽管在《宋史》中仅被简单提到过两次[28]，但自杞是在西南地区有着相当影响力的政权，一度率兵攻占过大理国的中心鄯阐府。[29]罗殿在《宋史》中亦只出现数次，且《宋史》对其内部情形只字未载，而范成大则明白无误地揭示，罗殿有聚落，有自己的文字，有文书公文，首领称国王，而且是"化外真蛮"，与宋王朝连名义上的统辖关系都没有，罗殿之为"国"，名副其实。

通过比对《桂海虞衡志》与明代贵州方志中的相关内容，我们不难发现，无论是体质特征还是文化风俗，罗殿、自杞"诸蛮"与水西"娄素"均高度相似。从地理位置上看，自杞与阿外惹君长国高度重合，罗殿与水西君长国也大致相当。[30]据此，我们判断范成大已记载了阿外惹与水西两大君长国。范成大之后，到广西任官的张栻、周去非同样提到了这两个国家。[31]而罗殿国所使用的公文应该是用彝文书写，因为该地是"化外真蛮"，游离于中央王朝的羁縻州县系统之外，不缴税，不服役，同宋朝廷的关系，仅仅体现在"市马"一类互惠的经济活动上[32]，罗殿国统治者们学习汉文的情况当极为罕见，将之作为国家的公文似不可能。到明代，中央王朝才制定了一系列制度要求君长国的上层人物接受汉化教育。

范成大等人毕竟是正统儒家思想熏育出来的官员，加上他们不可能深入宋王朝控制之外的地区进行调查，所以许多娄素君长国并未在他们的笔下得到呈现，范成大就坦承自己只是"志其近桂林者"，对娄素君长国的制度，他更是不甚了之。除"娄素"君长国之外，宋代西南地区其实还有其他族类建立的许多地方性政权，呈现出多"国"林立的状况。这一状况长期延续，连洪武皇帝朱元璋对娄素君长国也有所了解，认为他们同源共祖，均属"罗罗"且联系密切：

> 东川、芒部诸夷，种类虽异，而其始皆出于啰啰。厥后子姓蕃衍，各立疆场，乃异其名，曰东川、乌撒、乌蒙、芒部、禄肇（即永宁）、水西，无事则互起争端，有事则相为救援。[33]

下面，我们将叙述俄索折怒的故事，以展现娄素君长国的制度。

三、俄索折怒

俄索折怒是乌撒君长国的一位著名君长，其事迹《元史》有载：

> 乌撒者蛮名也。其部在中庆东北七百五十里，旧名巴凡兀姑，今曰巴的甸，自昔乌杂蛮居之。今所辖部六，曰乌撒部、阿头部、易溪部、易娘部、乌蒙部、閟畔部。其东西又有芒布、阿晟二部。后乌蛮之裔折怒始强大，尽得其地，因取远祖乌撒为部名。㉞

这段叙述无疑带有强烈的王朝中心主义色彩。娄素不会认为乌撒是一个蛮名，因为这来自他们的伟大先祖乌撒（俄索），具有无可置疑的神圣性。他们的君长国，也不只是一个简单的部，乌撒又称乌撒勾，在娄素的语言中，"勾"即指君长国，如水西称慕俄勾，播勒部称娄娄勾，磨弥部称古口勾等。[35] 这种称谓含有某种神圣的意味，"勾"意译时又指白鹤，在彝书中频频出现[36]，被描绘为具有超凡能力的圣鸟。

彝书记载，折怒是遗腹子，其父特波被孟部、利良、利切、阿特四大敌对部落所杀害，两大旧臣慕魁德直、益迁阿租从敌人的魔掌中逃脱，精心抚育君长的遗孤。折怒天生异禀，六岁开始学习彝文典籍，十二岁时已勇猛惊人，"天再高，容不下折怒，地再大，折怒也要显身手"，在两大旧臣的主盟下，折怒登上大位，成为一代"祖摩"（即君长）。"俄索蔺从此再立门户，纪俄勾再展雄风。"折怒"出征四十七，赢四十三仗"，结束了乌撒部"替人牵马，替人背物"的境况，开创了"拓地千里，统治他人的"新局面。[37]

折怒的辅佐者，有"摩"（意译为"臣"）与"布"（即"布摩",意译为"师",指祭师、经师,是彝人中的知识阶层,掌握文字与经典。在四川凉山等彝区,通常将祭师、经师音译为"毕摩")两大类别,这在所有的君长国中都是一样的。君、臣、布不但在彝文典籍中有诸多记载,甚至在"曲谷"(情歌)中也有反映,如《谷邛赖》称:

情郎和情妹,进入了歌场。君长居左,臣子居右,布摩居上位。[38]

"君长掌权,与臣问计,高明的布摩祭祖"[39],三者分工明确。在水西君长国,臣与布分为若干等级,形成了"九扯九纵"之制。在汉文史籍中,《明神宗实录》较早提及该制度的名称[40],康熙初年亲履水西的官员彭而述则谈到了该制度的一些具体内容[41],后来的许多地方志根据彝书,对此进行了更详细的梳理。"九扯九纵"即根据事权的不同,将辅佐君长的臣与布分为九个品秩:总理行政的长官曰"更苴"，品级最高；"穆魁""濯魁"辅佐"更苴"，参与军机大事，品级次之；"诚慕""掌宗祠之祭祀，修世系之谱牒"，"白慕""掌丧葬之斋醮"，两者同为第三等级；"慕史"司文书，"掌历代之阀阅，宣歌颂之乐章"，同"执事左右"的"诺唯""袡苊"一起构成了第四等级；"骂初""骂写"是兵帅，管军事，"弄余"掌礼仪、办外交，"崇闲"督农事、管生产，为第五等级；"濯苴""拜书"管接待，"拜项"管门禁，"扯墨"管祭祀牲口，品级更次；"项目"管器物，同管礼物的"弄都"、管环卫的"初贤"、作为队长的"黑乍"列为一等；其余服杂役者又列为一等。以上共八个品级，"少一而不足九者，盖录彝书者脱漏"。^㊷

折怒对君长国体制的最大贡献，是他建立了一种"则溪"（又音译为"宅溪""宅吉"）制度，彝书记载：

（折怒）以鲁旺的方位，依鲁补的数字，支格阿鲁定的标记，设置九大则溪。重振俄索蔺的雄风，再建立虎皮般的典章。绿竹茵茵的莫则洛那洪，设置第一则溪；稻花芳香的俄补甸吐，设置第二则溪；松涛呼呼的德珠杓嘎，设置第三则溪；山清水秀的六曲博果，设置第四则溪；巍巍笃洪木谷，设立第五则溪；雾霭像青纱般绕着的耐恩，设立第六则溪；荞花像彩虹落地般的辞吐，设立第七则溪；五彩索玛簇拥的女武溢恒，设立第八则溪；好比斗柄绕着北极星，笃洪那娄是中央则溪。[43]

引文中提到的支格阿鲁，其影响遍及今天川、滇、黔、桂的广大彝区，这些地区的彝族文献与口碑资料中对他的事迹均有大量描述。[44]传说折怒之父特波被杀害时，其遗孀咪黛连续三个晚上梦到一只雄鹰拥着自己入眠，无法挣脱，一转眼，雄鹰化作英俊小伙，很像年轻的特波，但自称支格阿鲁，并云受天君的派遣来给特波传后，咪黛就怀孕了，一朝分娩，地动山摇，生下了折怒。[45]

乌撒则溪制度的具体内容，我们已难以知晓。所幸水西君长国实行了相同的制度，而且在明清时期的汉、彝文献中有相当详细的记载，足资参考。则溪是水西政权的基本行政单位，整个君长国共设置了嘎娄、安嘎、陇垮、斗堵、朵勒、于底、洛莫、热卧、以著、化角、雄所、慕柯、火著十三则溪，其地西起今六盘水市水城县，越过鸭池河，东抵贵阳市，绵延数百千米。今天的贵阳市区，还有一些地名同则溪是密切相关的。

彝书《阿买恳》用形象的语言，对每个则溪做了生动的描绘：

妥阿哲境内，去来要翻山，是嘎娄则溪……以飞鸟命名，指安嘎则溪……高处出荞麦，中部出美人，指陇胯则溪……骑马好比打秋千，指的都则溪……步行路艰难，汗水不离身，指冬娄则溪……犹如象背上搓绳，似象毛蓬松，指迁底则溪……彝寨地势宽，汉寨地势大，指六慕则溪……高山日不照，壑谷露不干，指热卧则溪……彝家辖地内，掌权人辈出，指以著则溪……云雾遮盖天，称霸于白岩，指化角则溪……冬晴雪不化，夏晴露不干，指雄所则溪……好比用银装饰裙子，好比用金装饰裙子，指慕胯则溪……家中无丝绸，帐幔无限长，指火著则溪……十三个则溪，慕胯地盘广，则溪势力大。㊻

每个则溪都会设一个大仓库，用以保管征收来的钱粮，在彝语中"则"即仓库之意。㊼我甚至怀疑每个则溪都有一个市场，因为"溪"意为集市。十三则溪中，有一个则溪为君长亲领，其余分别归十二宗亲统辖，宗亲所辖的则溪，通常分为两个部分，一部分是宗亲的土地，即"各目私土""目地"，另一部分即君长的土地，即"公地"。

则溪主要有两种职能，一是管兵马，二是管粮草，相应地设置了两种类型的职官。在兵马与钱粮官下面似乎还有职位更小的穆濯、奕续、土目等。每个则溪都必须向君长缴纳贡赋，何种情况应缴何种物品以及数量多少等都有详尽的书面规定，管理上完全做到了有规可循。此外，君长分布在各个则溪的土地或许是由各宗亲负责耕种、管理，这可能也是他们的一项义务。㊽

除水西、乌撒外，川南的扯勒君长国亦将土地划分为重庆、合江、泸州、江门、纳溪、江安、隆文、海坝、杓朋、永宁、达佐、赤水、大摆、益朋、糯洛、几洛、果哺、毛坝十八个则溪㊾，由于材料所限，尚不知其他君长国是否实行类似的行政制度。

俄索折怒王的丰功伟绩，使得他在黔西北的娄素中享有崇高的威望，他们创作了一首长诗来纪念他，其中有云：

走路常要回头看，折怒王的故事有人传。布摩用文字记录，歌手们代代传唱。笃洪纳娄的山陷了，折怒事迹也留传。巴底的海水干了，折怒英名不失传。[50]

四、妥阿哲

娄素君长国的独立状态，在宋元递嬗的大变局中被打破。倚仗横扫六合的武力，元王朝原拟将西南族类尽收"版图"，眼看抵抗甚烈，又改而承诺，那些君长、酋长们只要投诚归附，即可维持原有的统治权力，土司制度由此建立。元亡明兴，当朱明王朝的大军登上云贵高原之际，娄素君长国纷纷归顺，又摇身变为新王朝的土司。经过元明二代的开拓，中央王朝与娄素君长国两者的"国家"传统互动交织，在西南塑造出了新的社会秩序，其详情可参见拙著。[51]在此仅叙述妥阿哲的故事，展现其中的一个侧面。

在娄素的文献与民间传说中，妥阿哲是默祖慕齐齐的第 24 代孙，其兄妥莫哺是芒部君长国的开国英雄。在汉文文献中，他被称为济火、火济，活跃于三国时期，是水西君长国历史上的关键人物。然而其人其事不见于《三国志》《华阳国志》等较早期的史籍，明代成化年间，水西君长安贵荣请国子监祭酒周洪谟撰写《安氏家传序》时，讲述了自己祖先的故事：蜀汉建兴三年（225），诸葛武侯率军渡泸，南征孟获，济火获悉后，贡献粮草，愿为向导，武侯大喜，命其为前锋；大军凯旋后，济火又攻打"仡佬氏"，开疆拓土，武侯遂封其为罗甸国王，从此奠定了水西的千年基业。[52]

作为儒家士大夫，周洪谟敏感而欣喜地感受到了济火的故事所蕴含着的效忠中央王朝的寓意，通过他的生花妙笔，这一故事引起了官员、士人们的共鸣。此后不久撰修的弘治《贵州图经新志》抄录了这个故事，通志、府志、县志和私家著述争先效仿，几百年间长盛不衰，众多史料互相呼应，济火征南之事俨然成为信史，并由此产生出一种强大的力量，人们将济火打扮成贵州最早的乡贤之一奉上神坛，甚至遥远的黔东南地区都建祠供奉济火。此外，济火还进入了许多地方的武侯庙，陪伴着诸葛亮安享牺牲玉帛。济火故事的细节，亦愈发丰富，层层叠叠，累积明显，例如，康熙年间，贵州巡抚田雯所著《黔书》称济火"深目长身，魋面白齿，以青布为囊，笼发其中，若角状"，这显然是融入了自己所见的贵州娄素男性形象。不过，"笼发若角"的习俗，在今天贵州的彝族中已经消失，而四川凉山彝族男性的"天菩萨"发型，仍然与此相同。[53]

在叙述完济火的事迹之后，田雯慨然叹曰：

> 济火一荒陬土帅耳！武侯渡泸之日，孰为之计大义、明王章者？而毅然以助顺树勋，崛起一隅，

为蛮王长。……不可谓不豪矣！迨乎累世相承，奄有爵土，要皆以识机达变，宣力效忠，始终不失人臣礼，故得以长奉西藩，受恩罔替，非徒以为瓯脱而姑羁縻之也。[54]

通过济火的故事，田雯表达了这样一种主流认识：水西土司统治的合法性，源于对中央王朝持续不断的宣力效忠。相信这也是他的明代前辈周洪谟的看法，事实上，《安氏家传序》着墨较多的祖先，均与中央王朝有联系，堪称典范。例如，普贵在宋开宝年间纳土归附；阿画被元王朝赐名帖木儿卜花，封为顺元郡罗甸国侯、济国公；霭翠归顺明王朝，赴京朝见朱元璋等。

这样一种叙事模式及其所蕴含的意识形态，在彝文文献中也有所反映，《助孔明南征》云：

蜀汉皇帝时，孔明先生出兵，征讨南方，与叛帅交战时，祖先妥阿哲，出兵助汉皇，供给军粮，为其后援，攻无不克。汉皇帝说："妥阿哲此人，是一位忠臣。"将长官职位，赐给妥阿哲，加上红印敕命，一并赐给妥阿哲。汉皇帝之时，妥阿哲成长官，皇帝又给晋爵，叫他攻打南方，其地一攻即破，北向扯勒地推进，到恒那达的，所属地方。……勿阿萧（按：妥阿哲之前五代祖）创建基业，妥阿哲发展基业，住在慕俄勾（即水西君长的驻地，今大方城）。⑤

在这段材料中，济火受封与开疆拓土均系皇帝而非孔明之令，唯效忠王朝以获得统治合法性之寓意并无二致。水西君长们还专门凿石立碑，铭记祖先伟业，碑文为彝文，至今尚存，其中有云：

帝师胜利归来，将彝族君长的功勋记入汉文史册。阿哲的邦畿可称兴盛的时代，犹如太阳的光芒闪耀一方，呈现安居乐业景象。帝旨传来，长者身穿锦袍，俨然是一代威严的君长。

到了建兴丙午年，封彝君国爵以表酬谢。治理慕脟的疆土。[56]

读史至此，我们难免疑问重重。济火故事反映的统治合法性，在元代土司制度建立之后自然在情理之中。然而，在被中央王朝视为"异域"的那些时代，独立的君长国统治者们，怎么会有这样的认识？从来不知汉人王朝为何物的水西百姓，又怎肯接受这样的说辞？

水西境内发现的一些碑刻，足以解开这个疑团。明代，当君长国内的某些工程竣工时，往往会勒石为记，常常还会出现两方碑刻，一方为汉文，一方为彝文，然而两种文字表达的内容却每每有风马牛不相及之处。兹以大渡河桥碑为例。该桥位于大方城东 40 千米的大渡河上，乃万历二十八年(1600)水西君长安国亨下属、贵州宣慰司同知安邦出资修建，历四百余年风雨而不毁。桥头立有彝、汉文建桥碑记两方。

汉文碑共 681 字，为水西君长、贵州宣慰使安国亨所撰。通篇所贯穿的，是王道、忠、仁、孝、慈的观念，颇类于内地士大夫们撰写的碑记。引人注目的是，水西土司一方面要理解与接受(至少在表面上接受)这一套价值观，对明廷称臣、朝贡、缴税并应役，另一方面，又将这些观念引进水西，俨然以君王自居，要求属下对自己忠，对百姓仁，对长辈孝，"大王道，小私思"。此外尚需指出的是，汉文碑虽表达的是士大夫们的观念，但其中也交织着娄素文化的影子，石碑上的浮雕"白翅送日""根固彩岩"都是娄素传说就是一个明证，对于既不识彝文也不识汉文的普通百姓而言，这些浮雕可能更易引起共鸣。

彝文碑达 1972 字，表达与强调的是另外一套规范和价值。碑文的前半段，讲祖先的历史，从笃慕、六祖、勿阿纳等一直讲到阿施等十多位贤明的祖先。后半段讲造桥的缘由、经过及意义。碑刻开篇即云：

> 开天辟地，六祖有好根，传到默德施（水西安氏的远祖）。德施九天君，遍居中部地带。
>
> 其他且不表，只叙慕齐齐、勿阿纳、妥阿哲，他们来自笃慕之地，为一方贤君，兴了祭祀，解除冤怨，还了愿信，以致昌盛，福运降临了，人烟繁盛了。

后面又云：

> 我祖默阿德，做了君主，权位很高。……到处设官治理。君的威荣很高，臣的权令很大。
>
> 彝创制权令，汉因势治理，所为很好啊。

碑文传递的信息很清楚，水西统治的合法性来自六祖的"好根"，并能谨行祭祀。彝威并不是汉威所赐，彝权是自己创制的，汉权无非是在此基础上"因势治理"而已。这些观念，并非碑文起草者的个人发明，《西南彝志》《彝族源流》等大部头彝书中的诸多内容，都与此相互呼应。我们有理由相信，勾政权对自身合法性的原本叙述，即体现于此。在明代新的政治形势下，勾政权的上层在坚持统治合法性来源于本族传统的同时，在许多场合富于技巧地将其归因于对中央王朝的效忠，形成了彝威与汉威交织以及两种价值观并行不悖的情景。但此时中央王朝的礼仪与意识形态仅仅影响到君长国的上层，普通原住居民并非中央王朝的编户齐民，汉人官员、科举考试对他们而言是相当陌生的事情，同时也只有土司等人被要求学习汉文与汉礼。显然，对中下层社会而言，君长、土目的权威实实在在地渗透于自己的日常生活中，而中央王朝、汉人官员的权威则遥远而模糊，不用也不必去过多理会。

接下来该叙述君长国群体的覆亡了，这是从明初就已开始的历程，我们就来观察其中的一个片段吧。

五、奢崇明

清水河发源于川滇边境的崇山峻岭之中，向东北一路奔流，到达四川叙永县，是为扯勒君长国的核心区域。河水在叙永县城继续北去，称为永宁河。明代，扯勒君长国归顺后，被封为永宁宣抚司，禄照为首任宣抚使，宣抚使为从四品，在土司品级中位居二等，仅次于从三品的宣慰使。禄照传子阿聂，阿聂之后，君长们才采用汉姓——奢。[57] 两百多年后，奢崇明成了扯勒的君长。

奢崇明的知名，源于他发动了一场规模浩大的反明战争。他本非君长嫡系，万历初年，永宁宣抚使奢效忠去世，其妻奢世统无嗣，由其妾奢世续之子崇周袭位，因其年幼，实权掌于奢世续手中，而奢世统则与小叔子沙卜相通并倚之为助，两位妇人为争权而兵戎相见。朝廷乘机分裂永宁土地，让世统、世续分地而治，待奢崇周长成后袭职。不料崇周早夭，在世统的扶植下，奢效忠之侄奢崇明得继大位，但奢世续却藏匿宣抚司印不给，并依仗其女婿、镇雄土知府陇澄与世统仇杀。

陇澄本是水西君长安疆臣的弟弟，原名安尧臣。万历年间，他入赘芒部，改名陇澄，时逢芒部君长（镇雄土知府）陇清及其弟陇源故绝，陇澄遂行使知府之权。事实上，各大君长国之间相互通婚，君长之职"彼绝此继"乃相沿已久的习俗，甚至也不违背明王朝的土司承袭制度，但当四川官员们发现这一事实时，仍然迫使陇澄退位并回到水西。

奢崇明在险恶环境中成长，最终掌握了扯勒部的实权。十余年后，毗邻的播州宣慰司被改土归流，周边一众土司油然有唇亡齿寒之感，奢氏更是感到寒意逼人，因为一些地方武官以奢崇明袭位的手续尚未办完为由，积极建议永宁改流，而贵州巡抚张鹤鸣要求奢氏归还永宁所侵占的赤水卫白撒所的屯地，让奢氏的不满情绪进一步积累。

天启元年(1621)三月，满洲兵攻克沈阳，大败明军于浑河，直捣辽阳，京师戒严。北方的危机触发了西南的骚乱——正如近两百年前土木堡溃败之后西南众多非汉族群发动叛乱一样。奢崇明主动请求调马、步兵二万(一说三万)远赴东北助战，得到批准后，他派遣女婿樊龙、部党张彤等领兵至重庆，就在这里久驻不发。四川巡抚徐可求移镇重庆，督促永宁兵赶紧起程。樊龙等人请求增加粮饷，就在徐可求前来检阅、核实永宁兵马之际，樊龙等人突然发难，杀害了徐可求。重庆落入永宁手中，奢崇明建国大梁，蜀中为之震动。朝廷被迫重新定义与水西的关系。

不断削弱乃至消灭土司，将朝廷在西南非汉地区的直接统治范围由线拓展为面并持续扩大，是明王朝的基本策略，奢崇明亲眼所见的播州覆灭、陇澄去职、倡议永宁改流等都是如此。朝廷和地方大员为此翻云覆雨、食言而肥均属常态。以水西而论，当平播(州)战争方殷之际，水西君长安疆臣之弟陇澄统治芒部之事不但未被追究，明军统帅朱燮元还多次嘉奖安氏母子兄弟，曰"贤母贤子，难兄难弟"，"是母是子，难兄难弟"。但战争一结束，陇澄的合法性就遭到苛刻质疑，被迫回到水西。万历三十六年(1608)安疆臣去世后，水西与朝廷的关系进一步恶化。黔省官员在承袭之事上一拖再拖，勒索重金，安疆臣遗子安位数年不得袭。当时安位年龄尚幼，贵州巡按杨鹤趁"寡妇孤儿仰我鼻息之日"，清查水西"户口扼塞之数，与头目汉把主名"，以图深化对水西的控驭，增加钱粮收入。另外，大量饥饿不堪的"苗仲"聚集水西，抢劫官道，明廷接到巡抚李枟的奏报后，立即指示将贼党擒获正法，并要重处"抗违庇护"的土司。当时因为土司之间的争斗，朝中以及地方官员积极讨论严惩水西、乌撒、镇雄的土官土目，甚至打算"合兵剿除"。

奢崇明起事之后，朝廷对水西的态度立即发生了戏剧性的大逆转，贵州巡按史永安严厉抨击了阻碍安位承袭的种种行径，朝廷以极快的速度予以响应，一个月后，年幼的安位顺利袭职，其叔父安邦彦受命征剿永宁。官员们可能相信，水西有讨伐永宁的动机：安位之母奢社辉来自永宁，其夫去世后，她与奢崇明之子奢寅争地，两下兵戎相见。

然而，以为水西会乐于助剿永宁，无疑是幼稚的想法。君长国之间的明争暗斗，无碍于他们内心深处的一致对外，朱元璋就曾提到东川、乌撒、乌蒙、芒部、禄肇（即永宁）、水西等，"无事则互起争端，有事则相为救援"。

安邦彦这次彻底玩弄了朝廷一把。在受命剿永宁的幌子下，他拥兵至贵阳附近，领取饷银六千，然而他并没有出兵北上，饷银则被他用来笼络、收买"苗仲"。当时水西大兵虽聚集在贵阳城外，但安邦彦尚狐疑不定，既不远征永宁，也不敢公开反明。天启二年（1622）正月，奢崇明利用汉人军师何若海的计谋，传檄假称成都已被攻破。安邦彦听闻，立即进攻贵阳。水西"地大而力盛"，甫一参战便引起了连锁反应，乌撒君长安效良、水东宋氏土司以及各路"苗仲"纷纷出兵响应，"绵亘长驱，动摇数省"。时人称："今天下两大患，东则辽，南则黔。"与此相应，明廷在筹措经费方面专门设置了"京边"与"黔饷"。

从天启元年（1621）到崇祯三年（1630），明王朝卒十年之功，动黔川滇湖四省兵力，费百万饷银，终于攻占永宁，并消灭了安邦彦、奢崇明、安效良与水东宋氏，重创了黔西北、黔中、川南一带的土司势力。乌撒在安效良死后基本停止了与明军的对抗，而水西亦于崇祯三年(1630)乞降。当时朝廷同样已精疲力竭，特别是经费艰难一直制约着军事行动，"京边"与"黔饷"难以兼顾，在这种情况之下，总督军务的朱燮元同意招抚安位，但附带了四个条件，包括将乌江上游鸭池河以东的土地割归朝廷、开通毕节驿道等。安位一一顺从，双方之间的较量告一段落。

实力受到削弱的水西，一直存续到清康熙三年(1664)。此时，水西君长安坤早已归顺成为新王朝的土司，而控制着滇黔二省的平西王吴三桂，正在对水西的财富垂涎三尺。他很快捏造了一起安坤反叛的"事实"，对毗邻的乌撒君长国，则加上"亦反侧叵测"的莫须有的帽子，一并打击。战争不到一年就结束了，两大君长国覆亡，一大片"羁縻之地"变成了中央王朝的"新疆"，康熙二十一年(1682)到此为官的黄元治，描述了这一天翻地覆的变化："安氏乌在哉？济火无遗族，山川隶版图，建郡设民牧。"诗人彭而述更为形象地抒发了自己的欣喜之情："前此一万八千年，中国王会不能宣。开山凿石逢今日，普天长贡水西篇。"

残存的各娄素君长国，同样逃不过灭亡的宿命，到了雍正年间西南用兵之后，全部君长国就都成为历史了。然而，改土归流并不能立即创造出全新的秩序，以前在君长国中享有权力的土目等，仍然在很大程度上控制着地方社会，这需要比军事征服更漫长的时间来解决。^⑤

六、阿之立阿咀

2001 年，我在属于前水西君长国的大方、毕节等县调查时，听好几位报道人讲述过一个不可思议的故事。他们说，当年吴三桂平定水西后，许多彝族支系渡过金沙江，迁到了四川凉山，在那里安家。20 世纪 80 年代初，风言他们要打回来，给黔西北民间造成了极大恐慌，一些汉族和苗族甚至打算变卖家业，搬往他处。

打回来云云，自然是无稽之谈。我惊讶的是，素有"中华民族的铁豆""独立罗罗"之称，尚武好战，经常掠卖其他族类为奴的凉山诺苏，为何会接纳滇黔二省娄素的难民残兵呢？这是传说还是有着相应的史实基础？联想到当年太平天国的翼王石达开正是在凉山地区遭到围堵而身陷绝路，这一问题的重要性就不言而喻了。

1. 沙马土司的兴衰

在凉山，最高首领叫"兹毫（兹孟）"，其发音与滇黔娄素君长国的"君长（祖摩）"极为相近。谙熟凉山彝文的岭光电解释说：

> 兹有作主、权力、王、君长之意；毫有调解、传达、过话、会议、臣僚之意。合成词就可直译作

君臣。彝族古代君长由长房长子世袭，臣僚亦由君长之至亲弟兄或子侄世袭或担任。臣可代表君长出外处理事，这时群众以君长来对待或称呼。如旧社会土司之弟兄子侄本是土舍，可是彝汉民仍称之为土司一样。也有时耄（臣僚）率领一部分人去别处辟疆开土，到统治一定地区和民众时，也可成为当地的部落首领兹——君长。因此兹（苴君）与耄（臣）联成一词就成为君长了。[59]

当中央王朝的力量进入凉山之后，一些"兹耄"受封成为王朝的土司，其滥觞可上溯自元代的罗罗斯宣慰使。[60]清初，滇黔君长国群体败亡之际，凉山的土司们大体安然无恙。经明而至清，虽然有明代马湖土知府等土官的改土归流，但随着清王朝力量在凉山地区的拓展，新封土司不断出现，土司数量反而有增无减。不过，清王朝能设土官间接统治的，仍然主要是凉山边缘地区，

《清史稿》云：

> 凉山夷倮㑩者，居宁远、越嶲、峨边、雷波、马边间，浅山部落头目属于土司。深入则凉山，数百里皆夷地。生夷黑骨头为贵种，白骨头者曰熟夷，执贱役。夷族分数百支，不相统属。[61]

《清史稿》所述不尽准确，像阿卓土司就曾驻牧于大凉山腹地的美姑，康熙年间被黑彝挤压出大凉山，退到了属于小凉山的雷波。同样遭到黑彝驱逐的，还有利利、沙玛(马)等，均为有名的大土司。[62]

在清代与民国，沙马土司号称凉山四大土司之首。不过，在明代，沙马家尚未真正受封为土司。明初在罗罗斯地区建立卫所，设四十八马站，许多部族首领被委以马站火头之职，沙骂(马)即其中之一，人们一般称其为土目。[63]迨至明末，沙马日博拉咀承袭土目，无子，只生一女名莫吃树阿亚。这个看似已陷于衰败的家族，因为贵州的阿之立阿叩(汉名安获洁)的到来而焕发了生机。

包括沙马土司、族人在内的所有报道人的口述，都认定安获洁是贵州水西君长国的后人。但有的口碑资料已不尽准确，或称安获洁祖上被封为贵州镇雄蛮乡府土司，镇雄属云南，乃芒布君长国地盘，这显然是把水西所在地指鹿为马；或云安获洁及其所辖百姓原居住于贵州威宁和云南昭通一带，但此二地分别为乌撒、乌蒙两君长国，同样与水西无涉。不过，这些错讹之处显示，几百年之后，凉山地区仍然保留着对滇、黔地区那些君长国的记忆，尽管其中充满着混乱。

事实上，当祸从天降、"国"破家亡之际，逃往凉山成为诸多君长国残余力量的上上之选，此不独贵州为然。雍正四年(1726)，云贵总督鄂尔泰在滇东北用兵，"洗劫夷寨，斩杀无数"，在米贴，几天之内把三万余人杀尽，大量"夷人"渡过金沙江，进入四川凉山，《东华录》称"乌倮数万，半已渡江，外则勾连凉山"。[64]

凉山彝人愿意接纳这些穷途末路者，当然不是因为他们都被称为"罗罗""夷"，而是缘于大家有着同族的认同以及长期交往的历史。虽然凉山地区并不存在大洪水之后六祖分支的传说，但凉山的诺苏相信自己与云贵高原上那些君长国的人群有着深厚的渊源，他们自己的经书记载，始祖古候、曲宜二人，从云南渡过金沙江，进入大小凉山，"毕路褴褛，以启山林，射猎耕牧，以居以行。子孙蕃衍，是为凉山之倮族（诺苏）"。在他们看来，云南昭通是倮王古都，他们奉其为圣地。[65] 20 世纪 50 年代，民族学调查者们根据各种口碑资料，认为凉山地区彝族多系从滇、黔特别是云南迁来，迁徙原因，或是人口繁衍，或是汉兵征讨，或是叫魂引路而来。[66] 故事的意义，在于接受性而非真实性，大家愿意讲述它、认可它，构成了对云贵高原上那些娄素们的认同基础才是关键。20 世纪 30 年代，岭光电在南京中央军校读书时，结识了正在南京女中读书的贵州水西少女安成，深为倾慕，亦有人想促成他们的婚姻，但岭对自己的前途较为悲观，不想连累安成。凉山彝族以实行严格的族内婚著称，黑、白彝之间都不通婚，而历史上，黔西北彝族为了维持自己种族的纯洁，亦不轻易与他族通婚。[67]但这并不构成岭、安联姻的障碍，因为"水西安家的大名早已传遍凉山，受到尊重"。真正的麻烦在于，当时安成已经不懂彝语，"若落后的亲戚不相信她是彝族，事情就危险了，因此我不敢有进一步的表示"。[68]可见，当时凉山诺苏大都认为水西娄素是自己人，凉山与水西之间的联姻并无多大障碍，除非对方水西娄素的身份受到怀疑。

有必要指出的是，今天被识别为彝族的人群，自称多种多样，计有诺苏、诺苏濮、阿西濮，等等。在彝族最重要的聚居地凉山，大多自称为"诺苏""诺苏泼"，与滇东北、黔西北彝族的自称"娄素"或"娄素濮"极为近似。但音近未必意同，"诺"意为"黑"或"主体"，"诺苏濮"之意为"主体的族群"或"尚黑之族"，"娄素濮"的含义与此大相径庭，资深彝文专家、曾任毕节地区彝文翻译组组长的王继超认为"娄素（濮）"意为大地中心或世界中心的人[69]，这是相当有见地的。"素"和"濮"都带有"人"之意，"娄"则隐含着"中间"的意思。不过，虽然族称的内涵有差异，但这并不妨碍娄素与四川凉山的诺苏互视对方为我族，在《西南彝志》等典籍所呈现的视野中，凉山就是娄素的若干支系的迁居地而已。这一有趣的事实提醒我们，族称的不同不一定造成族群认同的障碍，不同的人群可能认为对方属于同族，尽管对用何种标签来命名同族的看法并不一样。[70]

凉山不但拥抱了这些来自云贵高原的流亡者，而且一如既往地承认他们的高贵身份。为了躲避吴三桂的追剿，失败的娄素从窝子谷、鲁家谷、巴克谷分三路渡过金沙江，安获洁率领一些黑彝、白彝家支从第三路过江，翻山越岭来到沙马土目的地盘，做了土目家的乘龙快婿，顺带继承了土目之职，驻牧于古尼拉达和沙马甲谷两地。迨至康熙四十九年(1710)，清王朝试图加强对凉山的控驭，赐封了诸多土司以便实现间接统治，安获洁后人安韦威于是年投诚，受封为沙马宣抚司，获印信、号纸及金印一颗，世代相传，管有那多、扼乌、咱烈山、撒凹沟、结觉五大土目。沙马土司盛时，统辖瓦岗地区以及美姑县的大片土地，此外，昭觉、美姑、金阳三县交界的古尼拉达一带，昭觉、普格两县交界的孟不拉达一带和金阳县东北部，都是沙马辖地。[71]

沙马土司的辉煌一直持续到清末，此时，居住在古尼拉达、沙马甲谷地区的阿陆家、阿侯家、苏呷家等黑彝家支崛起，不再服从沙马的统治，而且不断侵夺其土地与百姓，土司被迫带着属民、娃子退出古尼拉达。[72]在日益走向衰败之际，土司家族出了一位能人沙烈木只，汉名安登文。安登文 8 岁丧父，母亲带着他与 10 岁的哥哥安登俊在百姓家居住。6 年后，年仅 14 岁的他，渡过金沙江来到云南永善县，找到了与沙马家世代联姻的土司浦学官，借得八十人和一批枪支、金钱，渡江而返，首先攻打桀骜不驯的阿土家、阿马家两支黑彝，征服他们后，又调他们的兵力进攻安柯呷都家，这样一路征战，力量迅速壮大。15 岁时，安登文在大坪子修建衙门，各地黑彝又重新归附，沙马土司迅速迎来中兴。

安登文的目光，逐渐超出凉山一隅。1942 年，他来到了重庆，在贵州土司杨继忠的带领下，晋谒蒋介石和于右任，以组织大小凉山彝胞上抗日前线的说辞赢得了蒋的重视与欣赏，临走时蒋发给他 630 套军服、3 箱银子，命其在凉山建立军队。不过，冉冉上升的安登文，最终毁于自己的忘恩负义与失道寡助。他强奸了恩人浦学官的寡嫂——这寡嫂本来是要给浦学官转房的，安登文听说其有孕后，又用武力将其抢过江来。1945 年，永善彝人阿合与安登文喝血酒盟誓之际，突然拔出枪来，出其不意地击毙了安登文，原来阿合早已被浦学官等仇家买通。安登文死后，才干远逊于他的大哥安登俊无力支撑大业，沙马土司再次衰落。[73]

美国飞虎队飞机 B29 在雷波坠毁，李仕安（右一）作为向导陪美空军上校穆雷从西昌飞越"驼峰航线"到印度转昆明，再乘车、步行到出事地点雷波咪姑，图为穆雷、李仕安与安登文土司家属的合影

2. 千丝万缕

沙马土司的历史，折射出滇黔彝区与四川凉山之间千丝万缕的联系。此并非仅沙马家为然，例如，驻牧西昌安宁场一带的河东长官司，不但认云南为祖籍地，而且姻亲范围遍及凉山与云南的诸多土司。道光年间，长官安世荣，前往云南昭通迎娶前乌蒙君长（土知府）之曾孙女为妻。此外，与安氏土司家联姻的尚有金阳沙马安土司、越西邛部岭土司、布拖与普格的阿都土司几家。[74]这样的相互通婚，使得川滇黔彝区的土司之间总是沾亲带故，以末代阿卓土司、中华人民共和国成立后曾任四川省政协副主席的杨代蒂为例，凉山邛部土司岭邦正是她亲戚，沙马土司是她舅家。阿都土司家绝嗣了，由沙马家的安树德、安学成先后去继承，而安学成是杨代蒂的表弟，安学成的祖母是杨代蒂的姑婆。尤可注意者，杨代蒂的祖籍并非四川，清代中期，阿卓土司绝嗣，就在贵州毕节找了一个人来承袭，此人也是杨砥中的祖先，所以阿卓土司与杨砥中家族是亲戚，杨代蒂喊杨砥中七哥。⑦⑤

认同云南、贵州为祖籍地，并不只是凉山土司的专利。在黑彝、白彝之中也普遍存在着类似情形。例如，会理县有大黑彝，又称老黑彝，传说因他们最先来会理等处，故以"老"称之。他们原住在贵州威宁，后迁云南巧家地方，因逃避官兵的屠杀，率领娃子来会理居住，至今传十代左右。来会理较晚的有青彝，又称为小黑彝，祖上原住贵州，后迁云南，在会理定居才几代。⑦⑥

贵州的娄素们，同样有着祖先迁往凉山的记忆。当地彝书和一些流传久远的民间故事认为，凉山彝人大体属于六祖中的糯、恒二祖的后裔，并记载了一些迁徙凉山的情况，如乌撒地区著名白彝阿景家祖先在云南东川鲁女博吉大祭祖灵、清理宗谱后开始分支，其中有一支渡过那溢大江（金沙江）到达今四川凉山彝族自治州境内，称"慕沽阿旨"。⑦

　　贵州彝书《阿玉哭嫁》可以让我们更进一步考察川滇黔彝族的交往圈与族类观念。乃恩舍伟系云南赫海珠舍（芒布）地方史吐能彝家支的姑娘，嫁到贵州纪俄勾（乌撒）马嘎能彝家支后，生了女儿吾茹阿玉，许配给金沙江北岸凉山地区侯阿苻家。到了迎娶的日子，阿玉却不愿远嫁，对双亲哭泣，阿爸安慰她："……当你出阁时，慕俄勾家，赫海珠舍家，德歹濮卧家，旨堵能彝家，所有这些家，君长（仇诃）及家族，连庶出门弟，甚至到天上，喜讯都传去。……北部长的树，都高大参天，北部流的水，都清澈见底，北部住的人，都属糯家管。是这种情况。你有何不乐，我的阿玉呀？"吾茹阿玉以手拭泪："那北部糯家，君长根基大，虽同属六祖，不关阿侯苻！"阿爸继续开导她："如今的世道，受外族统治，犹风摧雄鹰，德毕（布）、德施、举侯三支人，被外族统治，好与坏不辨，黑和白不分，象牲畜对待，没有了尊卑，已经是这样。地是北部雄，北部人有志……是皇帝家，没法去统管。"吾茹阿玉仍然担心自己不适应北部的习惯，说："天地间英雄，六祖的业绩，我曾经听说。……那北部的人，不讲究穿戴，用活的棕皮，制作衣服穿，不兴修发式，脸也不用洗，常年不穿鞋，语言不相通，同他们相处，我一生难过，如流水受阻，叫我如何过?"阿妈劝慰她："眼下的世道，彝家无君长，外族武力强，但凭其做主。外族都得志，凡事为外族。既成了这样，那北部的人，彝(娄)家自掌权，租赋收得广，租赋收得宽，保存彝(娄)典章，礼仪存完善，自主定婚制，有条理可依。"在经过一番哭诉与开导后，婚礼如期举行，吾茹阿玉一路跋山涉水，历十余天，终于到达侯阿符家，圆满完成了婚礼。⑱

从"如今的世道，受外族统治"，"眼下的世道，彝家无君长"等语句来看，该篇作于清代黔西北、滇东北等地改土归流之后，但凉山一带的彝家甚至到 20 世纪

50 年代之前还保持着相当大的独立性，所以说"地是北部雄"，"彝（娄）家自掌权"。这个故事表明，尽管与凉山地区存在着语言、风俗习惯等方面的差异，但马嘎能彝家依然强调大家都是六祖的子孙，并且认为北部地区的人和自己一样，都是"娄素"。

注　释

① 参见方国瑜：《史记西南夷传概说》，载《中国史研究》，1979(4)。

② （汉）司马迁：《史记》卷一百一十六《西南夷列传》，2281 页，北京，中华书局，1999。

③ 参见《明英宗实录》卷一百五十五，"正统十二年六月甲子"；卷二百三十八《景泰附录》第五十六，"景泰五年二月辛丑"；卷二百四十八《景泰附录》第六十六，"景泰五年十二壬寅"，上海，上海书店出版社，1982 年影印台湾"中央研究院"历史语言研究所校勘本。

④ 参见《明英宗实录》卷一百七十七的"正统十四年四月壬子""正统十四年五月癸未"，《明世宗实录》卷三百五十八的"嘉靖二十九年三月丙辰"、卷四百九十六的"嘉靖四十五年乙亥"，《明英宗实录》卷一百九十五《景泰附录》第十三的"景泰元年八月壬申"条，等等，《明实录》中类似的例子不胜枚举。又如，明嘉靖年间镇压黔东、湘西"苗乱"的各种公文中，叛乱者全部被称为苗，如"黑苗""恶苗"，首领则被称为"主苗""苗头"等。指挥剿苗的总督张岳称，"贵州苗地，纵横不过百五十里"（见张岳的《小山类稿》卷十《答杨金宪》），可见在张岳的心中，包括黔西北在内的许多地区与"苗地"无关。这一看法同万历年间贵州巡抚郭子章的看法相似，郭氏所撰《黔记》卷

五十九云："贵州本夷地，一路诸城外，四顾皆苗夷，而种类不同。自贵阳而东者，苗为伙，而铜苗九股为悍……自贵阳而西者，罗罗为伙，而黑罗为悍。""罗罗"在20世纪50年代被识别为彝族。

⑤　民国《威宁县志》卷十七《杂事志·土司并苗蛮》，毕节地区档案局复制油印本，1964。这里的"夷"显然是指娄素，直到现在，威宁的娄素(彝族)尚有黑、白之分。

⑥　(明)瞿九思：《万历武功录》卷五《建昌桐槽黑骨诸夷列传》，见《四库禁毁书丛刊》编纂委员会编：《四库禁毁书丛刊》，北京，北京出版社，1997。

⑦　参见林耀华：《凉山夷家》，1页。

⑧　参见陆裕民：《云南中甸彝族的调查》，见云南省编辑组编：《四川广西云南彝族社会历史调查》，昆明，云南人民出版社，1987。

⑨　参见《明英宗实录》卷三百一十四，"天顺四年四月庚午"。

⑩　参见《明英宗实录》卷三百二十三，"天顺四年十二月癸酉"。

⑪　《明太祖实录》卷八十四，"洪武六年八月戊寅"，上海，上海书店出版社，1982年影印台湾"中央研究院"历史语言研究所校勘本。

⑫　以上参见温春来：《从"异域"到"旧疆"：宋至清贵州西北部地区的制度、开发与认同》，23～26页。

⑬　参见温春来：《彝、汉文献所见之彝族认同问题——兼与郝瑞教授对话》，载《民族研究》，2007(5)。

⑭　明代在此设立贵州宣慰司，地域范围见上文。

⑮　在今贵州赫章、威宁二县，明朝在此设立乌撒军民土府。

⑯　在今云南东川、会泽一带，明朝在此设立东川军民土府。

⑰　在今云南镇雄一带，明朝在此设立镇雄军民土府。

⑱　在今云南昭通一带，明朝在此设立乌蒙军民土府。

⑲　即磨弥部，在今云南宣威一带，明朝在此设立沾益土州。

⑳　即娄娄勾部，在今贵州黔西南一带，明朝先后在此设立普安安抚司、普安州。

㉑ 在今贵州安顺一带，明朝先后在此设立普定府、安顺州、安顺军民府。

㉒ 在今四川古蔺一带，明朝在此设立永宁宣抚司。

㉓ 例如，朱元璋曾敕征南将军傅友德等称："东川、芒部诸夷，种类皆出于罗罗。"[(清)张廷玉等：《明史》卷三百十一《四川土司传一》，8004页，北京，中华书局，1974。]

㉔ "娄"即"娄素"或"娄素濮"的简称，前者是书面语，后者是口语。

㉕ 以上参见温春来：《从"异域"到"旧疆"：宋至清贵州西北部地区的制度、开发与认同》，7～9、113页。关于武定的叙述参见何耀华的《武定凤氏本末笺证》(17、36～37页，昆明，云南民族出版社，1986)，明代张元忭的《南京工部尚书新昌吕公光洵行状》(收入焦竑《国朝献征录》卷五十二《南京工部一》)，明代沈德符的《万历野获编》卷二十九对凤氏反叛的记载，《明世宗实录》卷八十六的"嘉靖七年三月戊戌"条，等等。

㉖ 参见《范成大年谱简编》，见(宋)范成大著，姜剑云、闫潇宏、毛桂香解评：《范成大集》，附录，194～195页，太原，三晋出版社，2008。

㉗ (宋)范成大：《桂海虞衡志·志蛮》，见(宋)范成大著，齐治平校补：《桂海虞衡志校补》，44～45页，南宁，广西民族出版社，1984。

㉘ 《宋史》卷一百九十八云："(绍兴)三年，即邕州置司提举，市于罗殿、自杞、大理诸蛮……自杞诸蕃本自无马。"(4956页)

㉙ 关于自杞，可参见杨永明：《滇东古长城是自杞国的杰作》，载《学术探索》，2002(6)。

㉚ 参见温春来：《从"异域"到"旧疆"：宋至清贵州西北部地区的制度、开发与认同》，3～6页。

㉛ 参见(宋)周去非：《岭外代答》卷三《外国门下》，上海，商务印书馆，1936；《宋史全文》卷二十六上《宋孝宗五》，台北，台湾"商务印书馆"，1983年影印文渊阁《四库全书》本。

㉜ 参见史继忠：《罗殿国非罗氏鬼国辨》，载《贵州民族研究》，1982(4)。

㉝ 《明太祖实录》卷一百九十二，"洪武二十一年七月丁酉"。

㉞ (明)宋濂等：《元史》卷六十一《地理志四·乌撒乌蒙宣慰司》，
1483页，北京，中华书局，1976。

㉟ 参见毕节地区民族事务委员会编，毕节地区彝文翻译组译：《彝族
源流》第21～23卷，109页注释，贵阳，贵州民族出版社，1997；阿沽社
武：《乌撒政权结构试析》，见贵州彝学研究会编：《贵州彝学》，40页，北
京，民族出版社，2000。

㊱ 参见贵州省少数民族古籍整理领导小组、毕节地区民族事务委员
会主编，毕节地区彝文翻译组译：《彝族源流》第1～4卷，110～111页注
释，贵阳，贵州民族出版社，1989。

㊲ 贵州省民族事务委员会古籍办、贵州省毕节地区彝文翻译组编，
阿洛兴德整理翻译：《支嘎阿鲁王·俄索折怒王》，前言1～2页、145～161
页，贵阳，贵州民族出版社，1994。

㊳ 《谷邡赖》，见贵州省毕节地区民族事务委员会、贵州省毕节地区
彝文翻译组编，阿洛兴德搜集整理翻译：《曲谷精选》，3～5页，贵阳，贵
州民族出版社，1996。类似的情歌尚有《陡朵》《恒佑阿买》《祖摩阿纪家》《才
尼》《诃合曲谷》(以上均收入《曲谷精选》)、《北方君长道》(见王继超、文朝
志主编：《阿买恳》，439～440页，贵阳，贵州民族出版社，2002)等。

㊴ 王继超主编，阿洛兴德整理翻译：《苏巨黎咪》，9～10、16、24
页，贵阳，贵州民族出版社，1998。黔西北民间流传的曲谷对君、臣、布
的权力分工亦有反映，如《陡朵》(见贵州省毕节地区民族事务委员会、贵州
省毕节地区彝文翻译组编，阿洛兴德搜集整理翻译：《曲谷精选》，
3～5页)。

㊵ 参见史继忠编：《明代水西的则溪制度》，35页，贵州民族学院民
族研究所印。

㊶ 参见(清)彭而述：《读史亭文集》卷九《水西记》，见《四库全书存目
丛书》编纂委员会编：《四库全书存目丛书》，济南，齐鲁书社，1997。

㊷ 史继忠编：《明代水西的则溪制度》，35～38页。

㊸ 贵州省民族事务委员会古籍办、贵州省毕节地区彝文翻译组编，

阿洛兴德整理翻译：《支嘎阿鲁王・俄索折怒王》，205～206 页。据译者解释，“鲁旺”“鲁补”相当于九宫八卦。

㊹ 例如，今四川凉山地区的著名史诗《勒俄特依》中专门有一章叙述其人其事，贵州西北部地区流行的大部头彝文经典《彝族源流》中也记载了支格阿鲁的谱系，我在贵州开展田野工作时，也常常听到支格阿鲁的传说。

㊺ 参见贵州省民族事务委员会古籍办、贵州省毕节地区彝文翻译组编，阿洛兴德整理翻译：《支嘎阿鲁王・俄索折怒王》，149～152 页。

㊻ 贵州省毕节地区民族宗教事务局、贵州省毕节地区彝文翻译组编，韶明祝译：《诺沤曲姐》，211～218 页，贵阳，贵州民族出版社，2002。

㊼ 参见胡庆钧：《明代水西彝族的奴隶制度》，见《明清彝族社会史论丛》，33 页，上海，上海人民出版社，1981；史继忠：《明代水西的则溪制度》，32 页。

㊽ 以上参见温春来：《从“异域”到“旧疆”：宋至清贵州西北部地区的制度开发与认同》，18～22、67～70 页。

㊾ 参见王士举：《扯勒家支谱系及所属“则溪”译注》，见贵州省志民族志编委会编：《民族志资料汇编》第 8 集《彝族卷》，1989。彝书《水西制度》《彝族源流》(第 24 卷《扯勒的则溪》)所载与此同。

㊿ 贵州省民族事务委员会古籍办、贵州省毕节地区彝文翻译组编，阿洛兴德整理翻译：《支嘎阿鲁王・俄索折怒王》，210 页。

(51) 参见温春来：《从“异域”到“旧疆”：宋至清贵州西北地区的制度、开发与认同》，107～137 页。

(52) 参见毕节地区民族事务委员会编，毕节地区彝文翻译组译：《西南彝志》第 7～8 卷，284～297、313～315 页，贵阳，贵州民族出版社，1994；(清)张廷玉等：《明史》卷三百十六《贵州土司传》，8169 页；(明)周洪谟：《安氏家传序》，见嘉靖《贵州通志》卷十一，上海，上海书店出版社，1990 年影印本。

(53) 参见温春来：《彝、汉文献所见之彝族认同问题——兼与郝瑞教授对话》，载《民族研究》，2007(5)。

㉝ (清)田雯编:《黔书》卷三《人物名宦·济火》，57页，上海，商务印书馆，1936。

㉟ 《助孔明南征》，见毕节地区民族事务委员会编，毕节地区彝文翻译组译:《西南彝志》第7～8卷，313～315页。

㊱ 贵州省毕节地区民委、六盘水市民委、大方县民委编，贵州省毕节地区彝文翻译组、大方县彝文编译组译:《彝文金石图录》第1辑，7页，成都，四川民族出版社，1989。

㊲ 参见(清)张廷玉等:《明史》卷三百十二《四川土司传二》，8050页。

㊳ 以上叙述，参见温春来:《从"异域"到"旧疆":宋至清贵州西北部地区的制度、开发与认同》，156～169、183～223页。

㊴ 温春来、尔布什哈主编:《岭光电文集》(中册)，238页。

㊵ 参见欧潮泉:《关于四川大小凉山彝族的土司制》，载《教学与研究》，1958(3);胡庆钧:《元初未设过罗罗斯土官宣慰使吗？——与杜玉亭同志商榷》，载《民族研究》，1980(5)。

㊶ (清)赵尔巽等:《清史稿》卷五百十三《土司二·四川》，14226页。

㊷ 参见四川省美姑县志编纂委员会编:《美姑县志》，10、535、694～695页。

㊸ 参见何耀华:《凉山土司考索》，载《社会科学研究》，1981(2)。

㊹ 参见方国瑜:《凉山彝族的来源、分布与迁徙》，见《民国问题五种丛书》云南省编辑组编:《四川贵州彝族社会历史调查》，1～19页，昆明，云南人民出版社，1987。

㊺ 参见岭光电:《保情述论》，1～2页。

㊻ 参见马忠明、王树五等:《关于彝族的一些历史传说和史实》，见《民国问题五种丛书》云南省编辑组编:《四川贵州彝族社会历史调查》，20～32页。

㊼ 例如，明朝人包汝楫所著《南中纪闻》称:"(水西)罗鬼人掳中国男女，仍以中国男女配耦，并不给配本地人，云恐乱其种。"

㊽ 温春来、尔布什哈主编:《岭光电文集》(下册)，245页。

⑥　这是 2000 年 9 月我在毕节采访时，王先生亲口所述。娄素认为自己是居住在大地中央的人，这见诸娄素的经典文献，如《彝族源流》云：笃米(慕)的六子，如天上繁星，似地上茂草，遍布中央地。(毕节地区民族事务委员会编，毕节地区彝文翻译组译：《彝族源流》第 13～16 卷，134 页，贵阳，贵州民族出版社，1993。)其他彝书亦有类似记载："阿鲁到中央，走遍中央各处，笃慕(即笃米)的子孙，分六支人居住。"(毕节地区民族宗教事务局编，毕节地区彝文翻译组译：《西南彝志》第 11～12 卷，246 页，贵阳，贵州民族出版社，2000。)

⑦　参见温春来：《彝、汉文献所见之彝族认同问题——兼与郝瑞教授对话》，载《民族研究》，2007(5)。

⑦　参见(清)赵尔巽等：《清史稿》卷五百十三《土司二·四川》，14237 页；《沙马土司统治地区的社会经济概况》，见中国科学院民族研究所四川少数民族社会历史调查组编：《凉山西昌彝族地区土司历史及土司统治区社会概况(资料汇辑)》，1～8 页，1963。

⑦　参见《沙马土司统治地区的社会经济概况》，见中国科学院民族研究所四川少数民族社会历史调查组编：《凉山西昌彝族地区土司历史及土司统治区社会概况(资料汇辑)》，1～8 页。

⑦　以上叙述参见《沙马沙烈支来源、世系及近几十年来的变化》，见中国科学院民族研究所四川少数民族社会历史调查组编：《凉山西昌彝族地区土司历史及土司统治区社会概况(资料汇辑)》，9～13 页。

⑦　参见吴恒：《西昌彝族土司及其家族墓志铭》，见《民国问题五种丛书》云南省编辑组编：《四川贵州彝族社会历史调查》，145～152 页。

⑦　此段材料来自李仕安先生、杨代蒂女士的口述。

⑦　参见方国瑜：《凉山彝族的来源、分布与迁徙》，见《民国问题五种丛书》云南省编辑组编：《四川贵州彝族社会历史调查》，1～19 页。

⑦　参见毕节地区彝文翻译组编，王继超、王子国译：《彝族源流》第 24～27 卷，524～526 页，538 页注释，贵阳，贵州民族出版社，1998。

⑦　贵州省民委民族语文办公室编，王继超、张和平译：《乌鲁诺纪》，88～166 页，贵阳，贵州民族出版社，1997。

从选择性共同体到
普遍性共同体

本书的主人公们，力图突破"五族共和"的框架，为"夷族"争取一个明确的民族身份与政治地位。现实的政治环境以及深植于过去的历史记忆，为他们提供了表演的空间与资源，他们在这个舞台上书写着一种新的人群意识并删改、增添、组合各种书面与口耳相传的"历史"，建构出了一种新的记忆。他们的努力，影响到了中华人民共和国中央人民政府的民族识别。

一、西南"国家传统"的族群性

我愿意把"西南国家传统"作为本书的第一关键词。

近年来，斯科特（James C. Scott）阐发了影响深远的

Zomia 概念——意即"无国家之地"，用以揭示那些主动逃离国家的人群，如何选择生存于传统国家力量难以深入的特殊地理空间（如高海拔地区），建立起更灵活与更平等的社会结构，缺乏文字等种种看似"野蛮"的文化特征，其实是与此相应的主动选择。[①]在 2007 年的一次演讲中，他甚至提出了"文明缘何难上山"的命题。[②]斯科特的意思，当然不是简单地将海拔高度作为国家产生的前提条件，而是说与集中的谷物生产相联系的国家通常产生于耕地面积广阔的地区。在安第斯山区，易耕地分布在高海拔地带，于是国家在山上，Zomia 在山下。而在东南亚大陆，低海拔地区是谷物主要产地，国家自然也产生在这里。正是在这个意义上，他把中国的云南、贵州、广西以及四川的一部分划入了 Zomia 范围，认为国家很难在这样的地方建立，建立了也很难长期维持。然而，与斯科特的判断相悖，在中国西南的崇山峻岭中，历史上长期存在着众多"国家"，这是两千多年前的司马迁就已发现的事实。这些国家的产生与维持也不必以广阔的农耕区为前提，本书所描述的那些君长国，许多就极其缺乏耕地，从《水西制度》《水西和扯勒的赋税》等彝文古籍来看，君长国的赋税有牛、马、猪、羊、丝绸、布匹、银两等，谷物被置于末位。[③] 在西南的山区，谷物对国家产生的意义显然被斯科特夸大了。

不过，本书不厌其烦地叙述西南"娄素"的"国家传统"及其与四川凉山的关联，目的不在于与 Zomia 对话，而在于揭示这一传统在维系身份认同方面的意义，我称之为"西南国家传统的族群性"。大范围的人群认同都具有"想象的共同体"的性质，但缺乏根基的空想难以建构并维持大范围的共同体。想象必须有所凭借，文字、宗教、国家等都可以成为凭借，它们单一或综合地构成想象的基础。与云、贵、川广阔地区的"娄素"认同相对应的，是若干结构相似、具有同宗共祖信念、相互往来并通婚甚至"彼绝此继"的君长国上层集团，他们与四川的诺苏上层也存在着千丝万缕的联系。四川的"诺苏"与云贵的"娄素",族称发音相似,内涵有所区别,但他们都认为自身的族群范围涵盖对方,族称的差异并不构成族群认同的障碍。君长国群体,已经族群化了。

从明初到清雍正的数百年间,在中央王朝的刀光剑影中,川南以及滇黔的君长国一一覆亡。土司被消灭了,但改土归流未能立即创造出全新的秩序,在原"勾"政权任职的官员或受封者(汉语称之为"土目"),仍然在很大程度上掌握着地方社会的实权。君长国体制并未在当地居民的心中消亡,他们中的许多人仍然认为土目就是自己的"官家",清王朝的流官反而缺乏权威,各种征徭与命盗案件,只有委托土目,才能够顺利处理。而布摩虽失去了昔日的显赫,但他们仍然长期主导着婚娶、丧葬、祈福、禳灾等各种仪式活动,并掌握着大量用本族文字书写的经典文献,内容涉及家谱、历史、宗教仪式、文学等,关于本族的来源、各主要家支及其在川滇黔的分布、君长国的兴衰，等等，悉载无遗。文献与口述最大的不同是，前者一旦形成就具有相当的稳定性，许多彝人即便取得科举上的成功，也仍然会从本族文献中寻根从而维持自身的身份认同。例如，清乾隆三十九年(1774)，水西君长国覆亡100多年后，在君长国中心地区的大定府，一位已取汉名的读书人黄继仍然撰文称："余上世祖考世系，往往迭出于夷册书籍。"在"当今圣朝专以四书、三坟、五典之道统一天下"的情况下，他担心随着岁月的流逝，本族文献的传承会遇到困难，所以特地用汉文叙述祖上追随水西君长的历史，将家世交代明白，传诸子孙。④政权与文字传统在维持身份意识中的作用显而易见。

总之，改土归流虽然削弱但并未真正摧毁娄素的上层以及相应的意识，川、滇、黔娄素的交往、通婚仍然在延续，形成了上文所描述的三省彝人上层之间错综复杂的关系。与此相应，他们对于"我族"的认知与想象，也仍然延续着过去的那种地域广阔性，即便他们熟谙中央王朝礼仪与汉文之后也仍然如此。例如，清光绪年间黔西北彝人用汉文所撰的《水西安氏族谱》称，笃慕长子慕阿楂（慕雅苦）"即今安顺、普定、兴义诸土司之祖也"；二子慕阿怯（慕雅且），"为孟氏，又为蒙氏，后孟获氏仍长其部，为南诏、安南诸土司之祖"；三子慕阿赛（慕雅热）"即今建昌、雷波、凉山、黄郎、波卜诸土司之祖也"；四子慕阿卧（慕雅卧）之后人"分二部，乌蒙，即今昭通陆氏，扯勒，今永宁、毕节八土司之祖也"；五子慕克克"即今沾益、宣威、普安、乌撒安、陆各土司之祖也"；幼子慕齐齐"后分三部，一曰东川，号兜主，今属云南，一曰芒布，即今镇雄陇氏祖，一曰水西，即今大定、黔西、平远土司祖也"。⑤

　　显然，在族谱编撰者的心中，"娄素"散居于川滇黔各地，大致覆盖了今日彝族所分布的主要地域甚至有所超出。这样的族类意识，深刻影响了民国时期"夷人"知识分子所掀起的"夷族"运动。在他们的内心深处,"娄素"君长国的范围以及四川凉山,是很自然的"我族"范围。我们所看到的争取"夷族"政治承认的知识分子们(本书仅论述了其中的一小部分),主要就是来自这一区域,只有喻杰才是例外,他来自云南丽江七河乡。

二、客位标签的主位化

那为何喻杰才会与他们联合起来建构一个"夷族"呢?正如前文所述,明清时期的汉文献书写系统,已形成了对西南非汉人群的两大分类。被称为"苗"的地区与今天的苗族聚居区有较高重合度,但范围超过后者,被称为"夷"的地区则往往与今天的彝族聚居区相同或相邻,范围亦较后者为大。西南地区的大多数非汉族类,均可置于"夷""苗"这两大人群范畴之中。尽管今天被界定为彝族的人群的自称各不相同,但至迟到清代,"夷"

已逐渐被遍布川、滇、黔等地的许多非汉人群认可和接受，汉人如此称呼他们，他们在汉语语境中也如此称呼自己。而"苗"成为黔东、湘西等地区的非汉人群讲汉语时的自称，同样是普遍情形。喻杰才正是来自"夷"而非"苗"的地区，这就构成了共建"夷族"的基础。

本书的主人公们都受过传统汉文经典教育，他们向主流社会说明自己作为一个"民族"的身份时，用的是他称"夷"，而不是本族的自称，这显然是一种精心思考后的策略。首先，这是正史书写西南地区非汉族类时的常用词，中华民国政府与汉人知识分子对"夷"这一称呼也非常熟悉，"夷"作为民族的历史、现实根据不言而喻。其次，按今天的民族分类，尽管本书的主人公们几乎都是彝族，但彝族的构成非常复杂，被识别为彝族的人群的自称各不相同，多达几十上百种，这就意味着任何一种自称都难以让所有人接受，外来的标签"夷"，反而具有广阔的覆盖性。最后，在当时全国只确定了汉族、满族、蒙古族、回族、藏族五族的情况下，西南的非汉族类只有联合起来成为一个民族才有成功的可能性，如果各自为政，则必败无疑。从这个角度看，"夷"可能都嫌范围太窄，最好能将黔东、湘西的那些"苗"也包括进来，把西南地区大大小小的多个族群叙述成同一个民族。事实上，这一策略很快便得到采用。1936 年 7 月，高玉柱等人发起的请愿运动，就将民族身份定为"夷苗民族"，高玉柱还撰文从历史、语言、风俗、社会组织、经济生活等方面勾勒了"夷苗民族"的轮廓⑥，在他们向中央的陈述中，"夷苗民族"人数多达两千万人。这样将"夷苗"描绘成一个与汉族、满族、蒙古族、回族、藏族并列的大民族，在国民政府的一些高级官员中引起了共鸣，国民党中央宣传部部长方治专门撰写了一篇《为西南夷苗同胞进一言》，开篇即云："西南夷苗为中华民族构成之一员，与汉满蒙回藏各系同胞，共存共荣于欧亚大陆，已历五千余年之悠久历史。"⑦

有趣的是，民国时期的贵州雷山人梁聚五也把西南地区纷繁复杂的众多族群归为"苗"与"夷"两个系统，又把"苗""夷"进而合称为"苗夷民族"，并撰写了一部《苗夷民族发展史》[⑧]，其方式与高玉柱等人异曲同工。唯因梁聚五是黔东人，在汉文史籍的书写系统中属于"苗"的区域，因此他把"苗"置于"夷"之前，与高玉柱的做法正好相反。

当然，"夷""苗"合族的做法只是策略或出于某种方便，双方都知道两者终究有别。在很多场合中，高玉柱等人更强调的是"夷"，甚至完全不提"苗"，他们在南京的组织名为"西南夷族文化促进会"，他们办的刊物，也取名为《新夷族》。岭光电在民国时期所撰写的论著中，对"夷苗民族"只字未提。在谈到自己族属问题时，他用得最多的是"夷人"或"夷族"。

从"夷族"变为"彝族"，是中华人民共和国中央人民政府基于民族尊重、民族平等而做出的决定。"彝"在古汉语中是一个颇具高贵色彩的词，除泛指各种青铜祭器外，还有"常道""常法"之意。或许是与清王朝统治者自身的非汉身份有关，清代的官员与文人们常常用"彝"取代"夷"，泛指周边族类⑨，在20世纪50年代的民族识别中，经过人民政府与民族知识分子协商，"彝"才成为固定的族称。不过，虽然中华人民共和国成立后"彝族"这一族称的出现是以"鼎彝"之意取代了旧的带有歧视意味的"夷"的结果⑩，但"夷族"和"彝族"所涵盖的对象显然有很大不同，这从人数上就可以看出来。在由曲木藏尧、岭光电、王奋飞、安腾飞、曲木倡民共同署名的《西南夷族文化促进会宣言》中，"夷族"人口多达两千余万，有趣的是，这个数据在岭光电后来的论著中直线下降，五年后的1940年，他称"夷胞在川康边境者，综计约有二百万之多，在黔在滇在湘，则共在千万以上"⑪，又过了六年，岭光电在《倮苏概述》中给出了一个更保守的数据：约五百万人。数量的骤减，除趋于务实之外，还表明他已经清楚地将"苗"排除出考虑范围，不认为整个川滇康黔四省区均为"夷族"区域。然而，据1964年的全国人口普查数据，尽管当时全国的总人口较之民国时期已增加了约两亿，但彝族人口仍然只有330多万，远低于岭光电给出的最保守数据。[12] 岭光电等人的数据比较大的原因，固然是壮大声势的需要[13]，但更重要的是，民国时期"夷人"知识分子选择的，是更接近明清汉文文献模糊呈现出的将广阔西南地区的非汉族类大而化之地分为苗、"夷"两类的旧途径，而不是在民族识别中更精细地区分为几十种民族的新办法。

总而言之，不管是云贵高原上的"娄素"还是四川凉山的"诺苏"，都认为对方属于自己的族类，这一族类分布于黔西北、滇东北、滇中、黔西南、黔中、川南、四川凉山等广阔地区。以岭光电为例，四川大小凉山无疑是岭光电最熟悉也最感亲切的圈子，但他同样认同那个大致与传统彝文文献所描述的族群范围相应，涵盖了云贵君长国范围的更大的人群圈子，"夷族运动"的成员，主要就是来自这个圈子。这个圈子无疑比汉文文献所模糊呈现出的"夷人"世界小，但为着实际政治活动的需要，他们可以向这个更大的"夷人"世界靠拢，甚至可以建构涵盖面更广泛的"夷苗民族"。

岭光电等人不能回避的是，还有一个更大的人群范畴——中华民族。不管是"夷族"还是"夷苗民族"，都是中华民族的一部分，这是他们所认同的前提，也是向中央请愿的合法性所在。他们力图从学术上去论证"夷族"与中华民族的关系。一些"夷人"知识分子从体貌、语言文字、历法、民俗等方面反驳过"西南夷族不是中国土著民族"的观点⑭，岭光电也从语音中寻求"汉夷一家"的证据⑮，除了学理上的阐释，他们也非常强烈地表达了"夷族"与汉族等其他民族是休戚相关的命运共同体的观点，强调"夷胞"的爱国之心，指出在日本侵华战争造成国家危机之时，"夷族"对于抗战以及整个中华民族的重要性⑯。这其实也可理解为一种通过双向强调为本民族争取利益的方式,即一方面表明"夷族"认同中华民族,认同国民政府,另一方面从利害关系的角度提醒政府重视"夷族"的必要性。

我们不能认为西南非汉族群知识分子"夷族"与中华民族关系的阐释只是一种工具性的需要,而忽略他们内心对此的可能性认同。在岭光电的文字中,我们可以发现他对汉文史籍的浓厚兴趣以及对孔子、诸葛亮等历史人物的崇敬,并能熟练地运用这些相关资料来论述"夷族"问题。在内地所受的系统教育,对他可能也有较大影响。在回忆军校生活时,他曾提及在北平面对日本军人时绝不低头示弱、修筑国防工事时充满干劲的场景,以及在听说要同日军作战时亟欲"狠狠教训"素所痛恨的日本人的激动和兴奋之情。⑰晚年的岭光电,其论著主要探讨彝族文化,很少涉及中华民族,但他实际上仍然保持着强烈的中华民族意识,对国家的命运也非常关心。[18]

　　对于一个人群共同体而言，对本群历史的讲述与书写通常是当下群体意识的产物，并强化着这一意识。诸多彝文古籍着力描写各大君长国的渊源以及君长国之间交往与通婚的历史，当作如是观，本书的主人公们同样深知"夷族史"的重要性。1936年，岭光电发表了《西南夷族史》(载《新夷族》第1卷第1期)，认为"夷族"系三苗之后，与内地民族源自一个血统，从学理上论证了大家同属中华民族的合理性，同时又隐含了"夷""苗"二分的假定，在地域上以四川、贵州、云南等"夷地"为中心，主要选取《尚书》等先秦史籍、传统正史、《华阳国志》等资料，建构出一条按时间变化的"夷族"史脉络，对夜郎、滇、南诏、大理等代表着"夷人"的繁荣与文明的政权着力进行叙述。其他"夷族"精英书写或讲述的"夷族"史，尽管内容上详略迥异，但思路上却异曲同工。[19]

"夷""苗"等称谓，是旁观者从客位角度给出的族类标签，并非西南非汉人群的自称，但自明代中期以降，这些族称逐渐被当事人认可与接受。到民国时期，他们甚至以此为基础去建构一个超越自身生活经验的人群范畴，呈现出将"夷""苗"实体化的趋势。类似现象在西南地区普遍存在，可称之为"客位标签的主位化"。

三、身份意识圈的层累化

主位化的客位标签，与原来主位的身份意识层累叠加，形成了复杂的认同现象，我用"身份意识圈"来予以概括。以岭光电为例，我们可以得到这样一幅示意图：

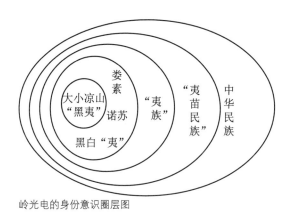

岭光电的身份意识圈层图

　　四川凉山无疑是岭光电最感亲切的圈子，并且，他是属于"黑夷"阶层，甚至是比"黑夷"地位还略高的土司，这里用最里层的圈子来表示。第二层圈子意味着，岭光电知道，除四川凉山之外，贵州、云南也有同他一样的人，都是"诺苏"，在贵州和云南的那些君长国地区，当地人有的自称为"娄素"，族称虽有差异，但大都认为我族的范围涵盖了对方。同时，岭光电也有着一种超越的看法，他并不认为黑、白"夷"之分具有族类意义，不管他们身处贵州、四川还是云南，他们都是"诺苏"。第三层圈子表示，岭光电知道在汉文文献系统中，西南非汉人群大致分为"夷""苗"两类，而且他也在汉语语境中自称"夷人"，因此他认可"夷族"的存在，这构成了他与喻杰成等来自非"诺苏"聚居地区的人共同建构"夷族"的基础。他自己写的民族史也有可能会强化他的这种意识，例如，在他的《西南夷族史》中，南诏是"诺苏"的先祖建立的政权，其统治范围当然也涵盖了众多非"诺苏"聚居地区。第四层圈子表示，为了策略性的需要，他可以赞成西南非汉人群联合为"夷苗民族"去争取政治权利，尽管他内心深知"夷""苗"之间判然有别。最后，岭光电还有着强烈的中华民族意识，不管是"诺苏""夷族"还是"夷苗民族"，都属于中华民族，这就是最外层的圈子。

对本书提及的任何一位"夷族"代表，都可以画出一幅类似的身份意识圈层图，它随着群体交往类型的增减而不断变化。我们发现，不同时期、不同角度的共同体记忆，层累地体现在"夷人"知识分子的身份意识中。当然，这并不意味着对过去的照单全收，现实之刀，对过去进行了剪裁、增添、调适与组合。

四、选择性共同体的全民化

大的人群共同体都有着建构的性质，但建构不是现代人的专利，历史时期的西南非汉人群的上层，同样在建构着不同层次的人群范畴并在相当程度上影响着后人的建构，只不过，每个时期的人们，都会根据所处的情势进行选择、删改与增添，如是而已。在传统时期，横跨今川、滇、黔三省的"娄素（诺苏）"共同体的建构者们，主要是君长国上层，他们的共同体，将下层排除在外，是一种选择性共同体。这一共同体在民族主义时代经历了"全民化"改造，并且因为要向汉文文献系统中的"夷"靠拢而在地域上有所扩大。民族主义是超越阶层的，它用同胞、公民之类的概念将伟大人物与普罗大众等同、联系起来了。在民族主义时代，岭光电等"夷族"知识分子要建构的是一个上、下层全体参与的"全民化共同体"，只有将"白夷"等一般民众纳入进来，"夷族"共同体才有意义。本书的主人公们自己带头超越了这种等级的鸿沟，并不断对下层进行启蒙。出于凉山的独立状态及其内部的四分五裂，兼之滇黔"夷人"杂居各处等原因，他们对下层的启蒙远未完成。更重要的是，时代的大潮并不由他们主导，虽然他们主动投身其中，并努力激起了自己的浪花，但并不能从根本上影响潮流所向，所以，民国时期的"夷族"全民化共同体建构离成功尚远，一直要到中华人民共和国中央人民政府识别出"彝族"后，这一过程才大致完成。

中华人民共和国的彝族识别，不能理解为一个全新的创举，它是过去共同体建构的延续，它虽然添加进了时代的新内容，但也受到历史以及历史记忆的限制。看不到这种延续性，将彝族理解为中华人民共和国中央人民政府建构出来的人群范畴，无疑是不合理的。本书表明，西南地区的不少非汉人群具有建立地方性政权的悠久传统，至迟从宋代开始，直到清初的漫长历史时期，在今天被识别为彝族的人群中，曾出现若干君长国，君长国之间的交往遍及滇中、滇东北、黔西北、黔中、黔西南、川南，并与四川凉山地区存在着千丝万缕的联系。这一共同体的历史渊源及其相关记忆，对民国时期西南地区的"夷族"建构，产生了深远影响。民族识别是在此基础上的延续，因此，从族源与世系的自我认识、是否属同一群人的自我界定、族内婚意义上的联姻情况等"主位"方面来看，我们不难发现，中华人民共和国中央人民政府进行民族识别以前，在今天被划定为彝族的人群范围中，在很大程度上存在着族群意义上的认同。虽然这一认同的范围与今天彝族的范围存在着差异，但两者之间的相关性与延续性显而易见。

注　释

①　参见 James C. Scott, *The Art of Not Being Governed*: *An Anarchist History of Upland Southeast Asia*, New Haven/London, Yale University Press, 2009.

②　此次演讲后来形成《文明缘何难上山?》一文,刊载于《中国人类学评论》2008 年第 6 辑。

③　《水西制度》与《水西和扯勒的赋税》尚未出版,毕节地区彝文翻译组前组长王继超先生为我讲述了两书关于赋税方面的内容。

④　参见温春来:《从"异域"到"旧疆":宋至清贵州西北部地区的制度、开发与认同》,183~223、286~289 页。

⑤　参见《水西安氏族谱》(见《北京图书馆藏家谱丛刊·民族卷》,北京,北京图书馆出版社,2003)之《罗甸安氏世系》。孟获、安南等显示族谱编修者在以彝书为主的同时,又加进了从汉文史籍中习得的一些知识,显示出族群认同的复杂性。而南诏国是否彝族所建至今在学界仍有争议。

⑥　参见高玉柱:《夷苗民族概括》,载《新夷族》,第 1 卷,第 2 期,1937。

⑦　方治:《为西南夷苗同胞进一言》,载《新夷族》,第 1 卷,第 2 期,1937。

⑧　梁聚五的《苗夷民族发展史》曾于 1950 年以铅印版流传,1982 年贵州民族研究所作为内部资料重新排印时更名为《苗族发展史》。张兆和、李廷ъ将该书收入《梁聚五文集》上册。

⑨　例如,明代首辅高拱记述安抚水西土司经过的《靖夷纪事》,清代康熙笼春堂刻本改作《靖彝纪事》。事实上,以"彝"代"夷"的情形是如此普遍,以至于乾隆皇帝谕令四库馆不得改书籍中的"夷"字作"彝"(参见《清史稿》卷四百八十二《刘逢禄传》),但在时人所作的各种公文和书籍中使用"彝"字似乎不在禁止之列。

⑩　参见李绍明、冯敏：《彝族》，2页，北京，民族出版社，1993。一说，"彝"有米有丝，象征着彝族有米吃，有丝穿。参见巫达：《社会变迁与文化认同——凉山彝族的个案研究》，19页，上海，学林出版社，2008。

⑪　岭光电：《倮情述论》，63页。

⑫　参见中国人口情报资料中心编：《中国人口资料手册(1983)》，中国人口情报资料中心内部发行本，1983。

⑬　李仕安先生告诉笔者，当时他们在估计"夷族"人口数量时都有夸大的倾向，目的是得到重视。

⑭　参见安成：《西南夷族不是中国土著民族吗?》，载《新夷族》，第1卷，第1期，1936。

⑮　参见岭光电：《以语音看汉夷关系》，载《西方日报》，1948-05-13，第4版。

⑯　参见高玉柱：《动员夷苗民族与抗战前途》，载《西南导报》，第1卷，第4期，1938；曲木藏尧：《西南国防与猓夷民族》，载《方志月刊》，第7卷，第5期，1934；曲木藏戈：《国难严重下之西南国防与夷族》，载《新夷族》，第1卷，第1期，1936；王奋飞：《复兴民族的途径》，载《新夷族》，第1卷，第1期，1936。

⑰　参见岭光电：《忆往昔——求学时代》，见温春来、尔布什哈主编：《岭光电文集》(下册)，238、247页。

⑱　这是岭光电的儿子尔布什哈先生私下同我聊天时提到的。

⑲　参见曲木藏尧：《西南夷族考察记》第一部分"猓夷民族"，1～15页；高玉柱：《夷苗民族概况》，载《新夷族》，第1卷，第2期，1937；《川康边区夷族观光团敬告国人书》，中国国民党党史馆藏档案，馆藏号：一般579/5.13。

余 论

我的书名卖了一个大噱头，内容却缺斤少两。我讲述的只是西南的一种经验，即一部分有着深厚"国家传统"的人群的经验，而非整体的西南经验。我想强调，西南地区的崇山峻岭，阻挡不住"国家传统"的存在与延续，当波澜壮阔的近现代民族国家建构浪潮冲击到这一区域时，当地人群的反应，必须置于他们的历史传统中去理解。

　　我一定会面临如下质问：你讲的那些人、那些事以及那些理，都是"夷族"知识分子的，你怎么可以忽略一般"夷人"百姓呢？知识分子与民众之间的关联何在？

　　上述问题的有效性毋庸置疑，但我不得不面对的困境是：何处可以聆听"夷人"下层的声音？他们被书写却不会自我书写，他们是历史上失语的一群人，我也无法穿越历史的时空去进行田野调查。对资料所不能涵盖的范围，我保持沉默。

我只能在旁观者的书写中进行揣测。

知识分子的群体意识，无疑与下层民众存在巨大差异。在本书所描述的那个年代，在政府未能真正控制的西南边地，许多非汉人群可能并没有清晰的国家意识。多年前，我读过一篇文章（惜已忘记篇名），作者是一位在内地求学的彝人青年，他回乡与舅舅游玩，在一条河边，舅舅对他说："幺儿，江那面被一位叫蒋介石的人所统治着。"他觉得奇怪："舅舅，我们也是被蒋介石所统治的啊。"这段叙述，让我想到仕安先生讲述的一件趣事：政府组织工作队到甘洛放电影，顺便插播政治广告。当蒋介石出现在银幕上时，观众纷纷议论："哎哟，把他捉来当娃子，要卖好多钱哦。"大家认为蒋长得不错，比较值钱。

民众与知识分子也不能截然分开。传统时期,通过在婚嫁活动等盛大仪式中的传唱宣讲,布摩与慕史将自己所掌握的许多知识传递给了一般百姓。民国时期,"夷人"知识分子则不断地对下层民众进行启蒙。岭光电的办学,使得200多位普通百姓接受了包括民族与国家意识在内的现代教育。而杨砥中在云南昭通的办学,规模上更为可观。当时各级政府在边地的教育系统中也注意招收非汉学生,并办有许多学校与培训班,对普通非汉人群进行国情与乡情教育。例如,宁属屯垦委员会兴办的边民训练所,其总的原则就是讲民族团结,拥护蒋介石,拥护刘文辉。[①]教育的效果因时、因地、因人而异,不一定很理想,但变化多少在发生。1939年,《大公报》记者徐盈深入孙子汶所办的乌龟堂小学采访,深深体会到了"夷区"办学的艰难,家长们认为子弟入学就是"支学差",有如当差一般痛苦。但徐盈也发现了"使人感动的事",在教室,他看到黑板上写着:"我是中国人，你是中国人，我们都是中国人。"学生们知道中国正在抗日，被问到将来的志向时，学生们的一致回答是："如果我们学会了汉话——我们愿意去当兵！"[②] 1942年，岭光电谈到四川、西康的"倮族"青年接受各种培训班训练的情况时，一方面强调众多边民"不知祖国，与祖国漠不相关的，即不充分具备中华现代国民的资格"，另一方面也谈到了一些"好现象"：

> 自二七年以后，倮青倾慕受训心理，日益增加。不论何人问："你愿到成都受训否？"伊必称："愿！只设法去。"又每人[入]夷村，见夷孩说："这些小孩子，读书最好"。大人一定答道："真是读书好，我们想找学校教子弟"，又每个夷人，都以有几个汉人为朋友为荣，能穿制服，能佩证章为荣。关于礼节：倮族中除叩头外，全不一致。近数年来，不论老幼，都摩仿鞠躬礼；对最尊崇者，叩

头；次者普遍脱帽点头；凡此均近年训练倮青后之表现，其裨益将来边区经营，至为巨大。因过去倮众自尊心最盛，常轻视内地一切，现数年间改变态度，亦难能可贵也。……倮众本以智识低，信人不信理论，为当然事。但其信仰对象均为土司、黑夷、头人，其他一无所知，无所愿。近年有受练人归来，传述内地长官与同胞如何进步，如何关怀边民等，尤其对于最高领袖之伟大，肆力传布，凡边民无不知领袖，无不认为神人，一反过去，仇视汉官汉人之心而变换态度，而加信仰。倘近年教育，积极进行，其成就能赶上此信仰心理，而打破话[语]文习俗等隔关[阂]，则倮族问题之解决，恐已作几分之几也。③

岭光电所述的"好现象"，应该只是实际情况的一部分，甚至也不是主要部分。但我相信，西南边地的世界，确实在缓慢地发生着变化。

注　释

① 来自李仕安先生的口述。

② 徐盈：《记四十八甲》，台湾"国史馆"藏档案，全宗名：抗战史料，入藏登录号：127000001130A。

③ 岭光电：《倮情述论》，37 页。

后　记

多年来，那些彝族知识分子的音容笑貌，他们鲜活的人生故事，一直在我心间流动，我梦想着为他们书写一部饱含生命温度的历史。然而，本书的完稿，亦即我的失败，平庸的文笔桎梏于言必有据的史学规范，产出了一部眼高手低的作品。

　　写作的过程中，我常常情绪激荡，为了那些已逝的人和事，更为现实中的死与生。2017 年 3 月 14 日，初稿即将完成，外公许名九先生以九七之龄仙去。老人家幼年丧母，成年后父亲暴尸荒野，中年时妻子含冤自沉，晚年时长子又贫病而逝，人生至痛，一一亲尝。此书草就，想到他老人家口述的乡土历史对我的研究的滋养，不禁潸然泪下。

2017 年 8 月 25 日，书稿杀青在即，李仕安先生也以 105 岁的高龄驾鹤西去，没有病痛的折磨，突然就走了。先生走了，我书写的那个时代就真正终结了。那些年，在雅安旧宅中多次聆听先生畅忆往昔，故纸堆中冰冷的历史，因之而氤氲着鲜活的温度。那时，王慧勤奶奶已 90 岁高龄，常常与保姆在厨房准备食物，有时先生去找资料，奶奶怕冷落我，就走过来同我聊她的往事。犹记得 2007 年的那个秋日午后，奶奶对我说："我是个很内向的人，几十年的政治运动中，我怕言多必失，养成了不爱说话的习惯。老李话多，他是放音机，我是收音机。好多话，他说了一遍又一遍，我每次都认真听着。但第一次见到你，我就知道你是个好人，觉得同你有缘，我的很多心里话都可以讲给你听，但我老了，从前年开始，我就感到自己心里的许多想法，说不出来了。"那一次，我告别他们返回广州，两位老人送我到门口，奶奶用颤巍巍的手在我的包中塞了一个苹果以兆平安，先生擦了一下眼睛，挥挥手说："走吧，人生就是这样。"奶奶去世后，先生搬到成都儿子家中，我们就失去了联系。从此，我不敢再上网搜索先生的任何信息，借此想象着先生永远安康，但在发达的资讯时代，这一想法是何等幼稚啊！

2017 年 8 月 30 日上午 8 时，我答应编辑两天后就交定稿的日子，我的次子在广州海珠区妇幼保健院呱呱落地，因为工作，我见到他已经是 12 小时之后了。在孩子孕育的过程中，我一如既往地与家务绝缘，孩子出生后，我也没有太多操劳——就像我的长子出生时一样。我的妻子与岳母纵容了我的懒惰，我就像一个受到溺爱的孩子，只要专注于自己的兴趣就行了。

感谢张兆和教授，他启发并鼓励、支持了本书的研究；感谢科大卫教授，他利用 AoE 计划为我提供了在香港中文大学的三个月纯粹时光；感谢尔布什哈先生与王继超先生，他们广博的彝学知识常常令我受益匪浅；感谢潘木乃先生，他带着我在汉源、甘洛翻山越岭并帮助我联系访谈对象；感谢高世祥先生与闵文新先生，他们陪着我在丽江古城的大街小巷与永胜的崇山峻岭中寻幽访古，在高玉柱研究方面，我们有着共同的话题和愿景；感谢王险峰先生，在他的帮助下，我开启了从草海湖滨到野洛冲谷地的田野之旅；感谢曾明怀、刘燎、曾铸、陈昌福、文权安等几位朋友和乡亲，我们曾冒着毕节秋寒中的蒙蒙细雨，挥着镰刀在无路可通的山间披荆斩棘，爬上北肇山庄的遗址；感谢秦和平教授，他经常无私地为我提供各种资料；感谢巫达教授以及他创建的彝族文化微信群，巫教授本人以及群友们总是积极为我答疑解惑；感谢黄国信、贺喜、谢晓辉、任建敏、陈海立、李晓龙、卢树鑫、林瑜、毛帅、覃延佳等朋友，他们或邀请我演讲本书的内容，或不辞辛劳地阅读我的初稿并提出建议，或帮助我整理材料；感谢海丹博士，她帮我处理了一些日文资料；感谢台湾"国史馆"、"中央研究院"近代史研究所档案馆、中国第二历史档案馆、四川省图书馆、西昌市档案馆、西昌市图书馆，它们真正体现出了"公藏"的性质，而不是视所藏为私藏，更没有借此经营的念头。

有的谢意，没有说，也不必说。

就写到这里。

图书在版编目(CIP)数据

身份、国家与记忆：西南经验/温春来著. —北京：北京师范大学出版社，2018.3(2024.9 重印)
(历史人类学小丛书)
ISBN 978-7-303-23209-3

Ⅰ.①身… Ⅱ.①温… Ⅲ.①民族历史－研究－西南地区 Ⅳ.①K280.7

中国版本图书馆 CIP 数据核字(2017)第 302690 号

营 销 中 心 电 话 010-58808006
北 京 师 范 大 学 出 版 社
新史学策划部微信公众号 新史学 1902

SHENFEN GUOJIA YU JIYI

出版发行：北京师范大学出版社　www.bnupg.com
　　　　　北京市西城区新街口外大街 12-3 号
　　　　　邮政编码：100088
印　　刷：北京盛通印刷股份有限公司
经　　销：全国新华书店
开　　本：890 mm×1240 mm　1/32
印　　张：12.375
字　　数：160 千字
版　　次：2018 年 3 月第 1 版
印　　次：2024 年 9 月第 4 次印刷
定　　价：59.00 元

策划编辑：宋旭景　　　　责任编辑：曹欣欣
美术编辑：王齐云　　　　装帧设计：王齐云
责任校对：陈　民　　　　责任印制：马　洁　赵　龙